*W*ORKBOOK AND ANSWER KEY

to accompany

Spanish for Health Care

Patricia Rush

Ventura College

Patricia Houston

Pima Community College

Prentice
Hall

UPPER SADDLE RIVER, NEW JERSEY 07458

Publisher: Phil Miller
Senior Acquisitions Editor: Bob Hemmer
Assistant Director of Production: Mary Rottino
Editorial/Production Supervision: Nancy Stevenson
Marketing Manager: Stacy Best
Development Editor: Mariam Pérez-Roch Rohlfing
Prepress and Manufacturing Buyer: Camille Tesoriero
Media Production Manager: Roberto Fernández
Assistant Editor: Meriel Martinez
Editorial Assistant: Meghan Barnes
Interior Design: Wanda España/Wee Design Group

This book was set in 11/14 Bembo by Carlisle Communications, Ltd., and was printed and bound by Phoenix Color Corp. The cover was printed by Phoenix Color Corp.

 © 2003 by Pearson Education, Inc.
Upper Saddle River, NJ 07458

Printed in the United States of America
10 9 8 7

ISBN 0-13-009715-2

Pearson Education LTD., *London*
Pearson Education Australia PTY, Limited, *Sydney*
Pearson Education Singapore, Pte. Ltd
Pearson Education North Asia Ltd, *Hong Kong*
Pearson Education Canada, Ltd., *Toronto*
Pearson Educación de Mexico, S.A. de C.V.
Pearson Education—Japan, *Tokyo*
Pearson Education Malaysia, Pte. Ltd
Pearson Education, *Upper Saddle River,* New Jersey

Table of Contents

¡Por aquí, por favor!

Los saludos y las despedidas

A. Saludos. Greet the following people appropriately according to the time of day shown on the clock.

Modelo: Señor Asturias
Buenos días, señor Asturias.

1.   Señor Rodríguez _____

2.   Señora Ugarte _____

3.   Juanito López _____

4.   Señorita Blanco _____

B. Una conversación. Complete the blanks in the following dialogue, according to the information from the context.

RECEPCIONISTA: Buenos días. Me _____ Alberto Rojas. ¿Cómo _____
_____ usted?

PACIENTE: _____ llamo Elena Archuleta.

RECEPCIONISTA: Mucho _____ , señorita Archuleta.

ENFERMERO: Hola, Pablito. ¿Cómo _____ ?

PABLITO: Estoy _____ . Y ¿usted?

ENFERMERO: ¿Yo? _____ muy bien, gracias.

PABLITO: Adiós, señor.

ENFERMERO: Hasta _____ , Pablito.

C. Correspondencias. Choose the best response to each question or statement below.

1. ¿Cómo está usted hoy?

    a. Regular.

    b. Me llamo Eloísa.

    c. Mucho gusto.

2. Soy Antonio Canseco, ¿y usted?

    a. Estoy muy bien, gracias.

    b. Igualmente.

    c. Soy Alicia Delgado.

3. Hasta luego, Jorge.

    a. Me llamo Teresa.

    b. Soy enfermera.

    c. Adiós, Carlos.

4. ¿Es usted enfermero?

    a. No, me llamo Roberto.

    b. No, soy recepcionista.

    c. No, estoy bien.

5. ¿Quién es la nueva paciente?

    a. Me llamo Alberto Ríos.

    b. Es la señorita León.

    c. Es enfermera.

D. Cognados. Match the Spanish name for each condition with the corresponding English description.

_____ **1.** alergia

_____ **2.** bronquitis

_____ **3.** cataratas

_____ **4.** diarrea

_____ **5.** enfisema

    a. An inflammation of the bronchial tubes.

    b. Frequent evacuation of more-or-less liquid stool.

    c. A clouding of the lens of the eye.

    d. A specific reaction to an antigen.

    e. An abnormal condition of the lungs.

Los números 0–31

E. ¿Qué número es? Match the numbers in both columns.

Modelo: nueve __9__

    1. veintidós _____

    2. catorce _____

    3. treinta _____

    4. once _____

    5. ocho _____

    6. veintinueve _____

    7. treinta y uno _____

    8. doce _____

    9. siete _____

    10. dieciocho _____

    a. 8

    b. 31

    c. 14

    d. 18

    e. 29

    f. 22

    g. 12

    h. 30

    i. 11

    j. 7

El calendario

F. Unas preguntitas.   Answer each question below according to the model.

Modelo: ¿Cuántos… domingos hay en una semana?
    Hay un domingo en una semana.

¿Cuántos/as…

1. …días hay en abril? _____

2. …días hay en una semana? _____

3. …horas hay en un día? _____

4. …minutos hay en una hora? _____

5. …señoritas hay en la clase? _____

6. …días hay en septiembre? _____

7. …señores hay en la clase? _____

8. …profesores hay en la clase? _____

G. La doctora Méndez.   Look at Dr. Susana Méndez's calendar. The **x**'s indicate the days she's out of the office and doesn't work (**no trabaja**). The rest of the time she usually works (**trabaja**) all day long. Use this information to answer her patients' inquiries.

JULIO					CALENDARIO	
DOM	LUN	MAR	MIÉR	JUE	VIER	SÁB
	1	2	3	4	5	6
7	8	9	10	11	12	13
14	15	16	17	18	19	20
21	22	23	24	25	26	27
28	29	30	31			

1. ¿Qué día de la semana no trabaja la doctora? _____

2. ¿Trabaja el jueves, dieciocho de abril? _____

3. ¿Trabaja el lunes, veintinueve de abril? _____

Now, take another look at the calendar and complete the statements accordingly.

1. Los lunes son el _____ , _____ , _____ , _____ y el _____ .

2. Los martes son el _____ , _____ , _____ , _____ y el _____ .

3. Los viernes son el _____ , _____ , _____ , y el _____ .

H. Un poco más personal.   Answer the following questions with personal information.

Modelo: ¿Qué días no trabaja usted?
Los lunes, los miércoles y los domingos.

1. ¿Qué días trabaja usted? _____

2. ¿Qué días no trabaja? _____

3. ¿Qué días hay clase de español? _____

4. ¿Qué día es hoy? _____

I. ¿Qué fecha es hoy?   Write out the dates in Spanish, according to the model. **¡OJO!** Remember that the day always precedes the month when writing the date in Spanish.

Modelo: 23/12   *Hoy es el 23 de diciembre.*

1. 12/2 _____

2. 31/12 _____

3. 1/4 _____

4. 4/7 _____

5. 11/11 _____

6. 10/9 _____

7. 30/5 _____

J. A quien corresponda.   Match each pronoun with the correct person.

1. _____ yourself | **a.** tú
2. _____ the person to whom you are speaking (an older person) | **b.** ellos
3. _____ the child to whom you are speaking | **c.** ellas
4. _____ two women about whom you are talking | **d.** usted
5. _____ two people to whom you are speaking | **e.** nosotros (as)
6. _____ yourself and another person | **g.** yo
7. _____ a woman about whom you are talking | **h.** él
8. _____ a man about whom you are talking | **i.** ella
9. _____ two men about whom you are talking | **j.** ustedes

Expresiones de cortesía

K. Los buenos modales.   Be polite. What would be the right thing to say in each circumstance below?

1. You spill some coffee on a colleague. _____

2. A friend buys you a drink. _____

3. Someone thanks you for a kindness. _____

4. You ask someone for a favor. _____

5. You need to get by someone who is in your way. _____

Una visita al médico

Módulo I

Información personal

A. Problemas en Chile.   William Collins broke his leg skiing in Chile. He is a 24-year-old, single teacher (**profesor**). He is staying at the Hostería Coyhaique, Magallanes 131, in Coyhaique. The phone number there is 23.11.37. His insurance company is Aetna U.S. Healthcare. He is being admitted to the local hospital. Please fill out the form for him.

Información del/de la paciente

Nombre: _____   Apellido(s): _____

Edad: _____   Sexo: hombre   mujer

Estado civil: soltero(a) __ casado(a) __ divorciado(a) __ viudo(a) __

Residencia en Chile (dirección): _____

Teléfono en Chile: _____

Compañía de seguros: _____

Ocupación: _____

B. Un formulario en español. While you were working as a volunteer for a community agency, your boss asked you to translate the following items on a basic information card for use with their Spanish-speaking clients. Write the Spanish equivalent next to each term.

Last name _____

First name _____

Date of birth _____

Home address _____

Home telephone number _____

Marital status: _____ Single _____ Married _____ Divorced

Insurance company _____

Policy number _____

Occupation _____

C. En la oficina del doctor. Complete the following dialogue by filling in the missing words, according to the information provided.

PACIENTE: Buenas tardes. Tengo _____ hoy con la Dra. Sánchez.

RECEPCIONISTA: Buenas tardes. ¿A qué _____ es su cita?

PACIENTE: A las dos y media.

RECEPCIONISTA: Ah, ¿_____ usted el Sr. López Morales?

PACIENTE: Sí, señorita, _____ yo.

RECEPCIONISTA: Favor de llenar este _____ con su _____ personal.

PACIENTE: Con mucho gusto. Y aquí tiene mi tarjeta del _____ .

D. Es su turno. Now that you have experience filling out medical forms, it's time to complete your own, just in case...

INFORMACIÓN PERSONAL

1. Nombre y apellido(s): _____

2. Edad: _____

3. Dirección: _____

4. Teléfono de casa: _____

5. Estado civil: _____

6. Ocupación: _____

7. Peso (en libras): _____

8. Estatura: _____

9. ¿Alergias?: _____

10. Compañía de seguros: _____

11. Número de póliza de seguros: _____

Estructuras   *Telling time: La hora*

E. ¿Qué hora es?   Write the time in numbers next to each item.

Modelo: Tengo cita a las ocho y media.   _8:30_

1. Ya son las once menos cuarto.   _____

2. La cita es a la una y cuarenta.   _____

3. Son las cinco menos cinco.   _____

4. La doctora regresa a las cuatro y cuarto.   _____

5. La clase es a las seis y media.   _____

F. ¿De la mañana o de la tarde?   One of your patients at the local hospital doesn't understand your schedule and wants you to clarify what hours you work in the morning and what hours you work in the afternoon. Answer his questions according to the model.

Modelo: martes 5:30 P.M.
El martes trabajo a las cinco y media de la tarde.

1. miércoles 4:15 A.M. _____

2. sábado 2:30 P.M. _____

3. domingo 6: 25 A.M. _____

4. lunes 1:05 P.M. _____

5. jueves 11:10 A.M. _____

Historia del paciente

G. Emparejar.   Match each numbered item with the appropriate response from the opposite column.

_____ **1.** enfermero	**a.** apellido
_____ **2.** Calle Mayor N° 88	**b.** peso
_____ **3.** doscientas libras	**c.** ocupación
_____ **4.** cinco pies con tres pulgadas	**d.** sexo
_____ **5.** divorciado	**e.** fecha de nacimiento
_____ **6.** masculino	**f.** dirección
_____ **7.** Valenzuela	**g.** estatura
_____ **8.** ocho de octubre de 1980	**h.** estado civil
_____ **9.** Eloísa	**i.** nombre

H. Mi paciente favorito. Dr. Marcos has asked you to complete a report for one of his favorite patients. Help him by inserting the appropriate word from the list in its corresponding blank below.

elevada	paciente	libras	temperatura	obeso
presión	pulso	alergia	mide	

Alberto Lugo es el (1) _____ del Dr. Marcos. El Sr. Lugo pesa trescientas (2) _____ y (3) _____ cinco pies con seis pulgadas. Es muy (4) _____ . Su (5) _____ arterial es de 140 sobre 110; está un poco (6) _____ . El señor Lugo tiene el (7) _____ a 70 pulsaciones por minuto. Tiene (8) _____ al polen. Su (9) _____ normal es de 98.8.

I. Algunos detalles más. As you continue helping out at the hospital, complete the following notes with the appropriate vocabulary, so that the next volunteer knows exactly what you're doing.

1. En la historia _____ del paciente anoto su _____ personal.

2. Anoto los _____ vitales, el pulso, la _____ arterial y la temperatura.

3. Es importante _____ y medir al paciente y anotar el peso y la estatura.

4. Si el paciente es _____ , no debe tomar azúcar.

5. Hay pacientes que tienen problemas del _____ porque pesan más de 300 libras.

6. Es importante _____ el formulario con la información correcta.

Estructuras   *Introducing and describing yourself and others: Ser + adjetivos*

J. ¿De dónde son? Choose the correct adjective of nationality, from the options set next to each person.

Modelo: Elena es....   **a.** italiano   **b.** italianas   **c.** italiana
          __c.__ *Elena es italiana.*

1. _____ El Dr. Gracián es…   **a.** mexicano   **b.** mexicanas   **c.** mexicana

2. _____ Luis y Sonia son…   **a.** chileno   **b.** chilenas   **c.** chilenos

3. _____ La enfermera es…   **a.** española   **b.** españolas   **c.** español

4. _____ Los enfermeros son…   **a.** cubano   **b.** cubanas   **c.** cubanos

5. _____ La paciente es…   **a.** colombiano   **b.** colombianas   **c.** colombiana

6. _____ Usted es….   _____

K. ¿Cuál es su profesión? Complete each sentence with each person's profession, choosing from the options in the box.

presidente	actor	astronauta	estudiante	psicólogo	atleta

Modelo: Michael Jordan   atleta
Michael Jordan es atleta.

1. George Bush _____

2. yo _____

3. Ethan Hawke _____

4. John Gray _____

5. Christa McAuliffe _____

L. ¿Quién o quiénes?   Who in your Spanish class is described by each adjective? Remember to match the subject with the adjective's number and gender.

Modelo: inteligente   *La profesora es inteligente.*

1. tímido _____   **5.** serio _____

2. simpáticos _____   **6.** bajos _____

3. alta _____   **7.** guapo _____

4. jóvenes _____   **8.** optimista _____

M. Un informe completo.   Read the following report and answer the questions that follow according to the information provided.

> Felipe López Ochoa entra en el consultorio de la Dra. Ángela Benavides a las diez y media de la mañana. Rita Garces, la recepcionista, anota su historia clínica. El Sr. López es piloto de una línea aérea comercial. Tiene cuarenta y dos años. Roberto Colón, el enfermero, le toma los signos vitales. Todo está bien excepto su presión arterial, que está un poco elevada. El Sr. López mide exactamente seis pies y pesa ciento setenta y cinco libras. No fuma y no tiene alergias. El Sr. López tiene que pasar un examen físico cada seis meses. La compañía aérea paga por el examen físico.

1. Who are these people?

Roberto Colón _____

Ángela Benavides _____

Rita Garces _____

Felipe López Ochoa _____

2. At what time was the appointment? _____

3. What is the patient's occupation? _____

4. What is his age? _____

5. Who took the patient's vital signs? _____

6. What are the patient's height and weight? _____

7. How often does he have a physical exam? _____

8. Who pays for the exam? _____

Módulo 2

En el consultorio

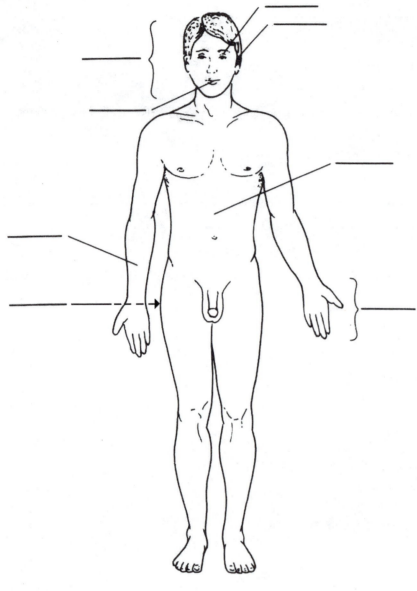

A. ¿Dónde le duele?   Insert the appropriate number on the blank next to the part of the body that each sentence refers to.

1. Ay, doctor, tengo un terrible dolor de cabeza.

2. Voy a examinarle los ojos.

3. ¿Tienes dolor en los oídos?

4. Abra la boca.

5. Y el estómago, ¿le duele también?

6. Y él tiene un problema con el brazo.

7. Le voy a poner una inyección en la nalga.

8. ¿Qué tienes en la mano?

B. ¿Cuál va con cuál?   Match each item from the left column with the letter of the appropriate item from the right column.

1. _____ tocar el piano   **a.** el champú

2. _____ pagar la cuenta   **b.** las piernas

3. _____ comer un sándwich   **c.** el estetoscopio

4. _____ examinar el corazón   **d.** la tarjeta del seguro

5. _____ tomar la temperatura   **e.** los dedos

6. _____ mirar la televisión   **f.** el teléfono

7. _____ jugar al fútbol   **g.** el termómetro

8. _____ lavar el pelo   **h.** la boca

9. _____ llamar al doctor   **i.** los ojos

C. ¿Tiene sentido?   Read each of the following statements, and use your medical knowledge (and common sense) to determine if they make sense (**Sí**) or not (**No**).

Modelo: El alcoholismo es un síntoma de la gripe.   <u> No </u>

1. Un cardiólogo estudia problemas de la cabeza.   _____

2. La penicilina es buena para los ojos.   _____

3. La diabetes es un problema con el azúcar.   _____

4. Un pulso de 190 es normal.   _____

5. Los antiácidos son buenos para el estómago.   _____

6. Una temperatura de 103 es normal.   _____

Estructuras   *Descriptions: Los artículos—género y número*

D. Los artículos definidos. Read the paragraph and fill in each blank with the appropriate definite article according to the context.

(1) _____ Dra. Rojas trabaja todos (2) _____ días excepto (3) _____ domingo.

(4) _____ sábados ella está en (5) _____ hospital. (6) _____ pacientes de

(7) _____ Dra. Rojas tienen problemas del corazón. (8) _____ enfermeras toman

(9) _____ presión arterial y (10) _____ pulso. Los cardiólogos examinan

(11) _____ corazón. (12) _____ dieta y (13) _____ ejercicio son importantes

para los pacientes con problemas del corazón. (14) _____ problema con muchos pacientes es

(15) _____ obesidad.

E. Los artículos indefinidos.   In the blanks, rewrite each statement on the left, using the plural or the singular forms, according to the model.

Modelo: Tengo un buen médico.
Tengo unos buenos médicos.

1. Tengo un paciente enfermo. _____

2. Hay unas enfermeras excelentes. _____

3. Es un cardiólogo importante. _____

4. Es un caso interesante. _____

5. Ellas son unas doctoras famosas. _____

6. Necesitamos unas medicinas nuevas. _____

F. ¿Definido o indefinido?   Complete each of the following statements with the appropriate definite or indefinite article according to the context. **¡OJO!** There is more than one option for some of them.

Modelo: _____ presión arterial es _____ signo vital.
__La__ presión arterial es __un__ signo vital.

1. _____ pulso es _____ signo vital importante.

2. _____ nivel de azúcar es importante para _____ diabéticos.

3. _____ cardiólogo estudia _____ problemas del corazón.

4. _____ recepcionista anota _____ citas para mañana.

5. _____ enfermera del hospital necesita _____ termómetro.

¿Qué le pasa?

G. ¿A quién debe visitar?   Read about each case below and recommend a specialist from the list provided.

dentista	gastroenterólogo	ortopedista
cardiólogo	oftalmólogo	pediatra

1. El Sr. Maldonado tiene taquicardia. Su pulso es rápido y su presión arterial es muy alta. _____

2. La Srta. Echagüe tiene problemas con la digestión. Tiene dolor de estómago y toma muchos antiácidos.

_____

3. Paquito Torres no ve muy bien. Tiene problemas con los ojos y no puede mirar la televisión. _____

4. El Sr. García Méndez sufre de dolores en la boca. Tiene problemas con los dientes. _____

5. Sara Corrochano juega al fútbol. Hoy tiene mucho dolor en la pierna. _____

6. Elenita, la bebé de la Sra. Ruíz, tiene nueve meses. Hoy tiene cita para un examen. _____

H. En el consultorio. Read the conversation that takes place between Sr. Vigo and Dra. Villalta. Then answer the questions that follow according to the dialogue.

DOCTORA: Buenos días, Sr. Vigo. ¿Qué le pasa? ¿Está enfermo?

SR. VIGO: Estoy muy preocupado. No tengo apetito y sufro ataques de pánico. ¿Qué tengo? ¿Es serio? ¿Estoy enfermo?

DOCTORA: Ya veo que está preocupado. ¿Desde cuándo tiene estos síntomas?

SR. VIGO: Desde hace tres meses.

DOCTORA: ¿Tiene problemas en casa o en el trabajo?

SR. VIGO: No, ¿por qué?

DOCTORA: ¿Cómo está usted en este momento? Nervioso, ¿verdad?

SR. VIGO: Sí, muy nervioso. Tengo dolor de cabeza. ¿Tiene aspirinas?

DOCTORA: ¿Cuántas aspirinas toma usted? ¿Muchas?

SR. VIGO: No sé. Veinte o treinta todos los días.

DOCTORA: Calma, Sr. Vigo. Voy a ponerle una inyección en el músculo. Es un tranquilizante.

1. ¿Qué tipo de médico es la Dra. Villalta?

   a. dentista   **b.** neuróloga   **c.** pediatra

2. ¿Cuál es un síntoma del Sr. Vigo?

   a. dolor de estómago   **b.** ataques de pánico   **c.** vómitos

3. ¿Cuánto tiempo tiene los síntomas?

   a. unos días   **b.** una semana   **c.** tres meses

4. ¿Tiene problemas en el trabajo?

   a. a veces   **b.** sí   **c.** no

5. ¿Cómo está el Sr. Vigo en este momento?

   a. nervioso   **b.** listo   **c.** alérgico

6. ¿Qué quiere el Sr. Vigo?

   a. fiebre   **b.** aspirinas   **c.** apetito

7. ¿Cuántas aspirinas toma el Sr. Vigo en un día?

   a. 2   **b.** 10 o 12   **c.** 20 o 30

8. ¿Qué le pone la doctora?

   a. una dieta   **b.** un examen   **c.** una inyección

Estructuras   *Asking for information: Las preguntas*

I. ¿Qué palabra es?   Insert the appropriate question word for each question below, based on the context.

Modelo: ¿ _____ se llama la recepcionista?

¿Cómo se llama la recepcionista?

1. ¿ _____ años tiene el Dr. Yañez?

2. ¿ _____ pagan a los enfermeros en el Hospital Central?

3. ¿De _____ es la Sra. Álvarez? ¿De Puerto Rico?

4. ¿ _____ tiempo trabajas en la clínica?

5. ¿ _____ no participas en los deportes?

6. ¿ _____ es el número de teléfono del dentista?

7. ¿ _____ es ese señor alto?

8. ¿ _____ síntomas tiene el paciente?

J. ¿Entiende la información?   Read the following advertisement and answer the questions that follow.

Clínica Ginecológica Príncipe de Vergara

Nuestros servicios:

Consultas	Tratamientos	Menopausia	Ecografías
Exámenes especiales	Operaciones	Partos	Infertilidad

Horario

De lunes a viernes Mañanas: 9:30 a 13:30 Tardes: 16:00 a 20:00		
Sábados Sólo con cita previa		

Clínica Ginecológica
Príncipe de Vergara
Avda. Príncipe de Vergara Nº 87
46003 Valencia, España

Tel: 96 397 05 07
Fax: 96 397 05 47

1. ¿Cómo se llama la clínica? _____

2. ¿Es para señores o señoras? _____

3. ¿En qué ciudad está la clínica? _____

4. ¿Cuál es el número de teléfono de la clínica? _____

5. ¿Hay citas los lunes a las nueve de la mañana? _____

6. ¿Cuál es la dirección de la clínica? _____

7. ¿Hay citas los sábados? _____

8. ¿Cuáles son tres servicios de la clínica? _____

A leer

Preparación para la lectura. What do you think the following services and conditions are in English?

a. tratamientos _____

b. infertilidad _____

c. consultas _____

d. menopausia _____

Now, read the following article and answer the corresponding questions. You don't need to understand all the words; simply try to get the general message.

Cáncer de mama: hay más casos, pero ahora se detectan a tiempo

En Estados Unidos, 1 de cada 9 mujeres sufrirá de cáncer de mama durante su vida.

- El 60% de las enfermas no presenta los factores de riesgo tradicionales.

- Las mujeres con historia familiar de cáncer de mama tiene un riesgo mucho más alto de contraer la enfermedad que las mujeres sin historia de cáncer en la familia.

- Los exámenes mensuales son muy importantes para detectar el cáncer.

- Es fundamental hacerse un examen anual con el especialista.

- Las mujeres de más de 40 años de edad deben hacerse mamografías todos los años.

¡Cuídese, su salud está en sus manos!

---

1. What is the main topic of the article? _____

2. What does the headline say? _____

3. How many people suffer from this disease in the United States? _____

4. What does it say about early detection? _____

5. What percentage of patients does not present traditional risk factors? _____

6. What is recommended after age forty? _____

A buscar

Go to *www.salud-latina.com* or *www.medico.org* and look for additional information related to breast cancer. Use the data you find to compile a short article including ten recommendations for women with a family history of breast cancer. Then, share your article with your classmates and determine what information would be most valuable to these women.

*L*ECCIÓN 2

El cuerpo humano

Módulo 1

Las partes del cuerpo

A. El cuerpo.   Place the name of the part of the body in the appropriate place on the outline.

el muslo	la axila
el pecho	los dedos
el tobillo	el ombligo
la muñeca	la pierna
el codo	el abdomen

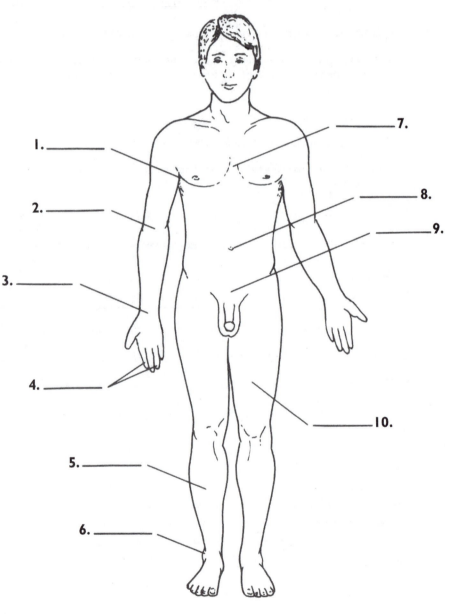

1. _____
2. _____
3. _____
4. _____
5. _____
6. _____
7. _____
8. _____
9. _____
10. _____

B. ¿Cuál le corresponde?   Match each definition with the appropriate body part.

_____ **1.** Esta parte une el brazo con la mano.   **a.** el tobillo

_____ **2.** Esta parte es la parte posterior del abdomen.   **b.** el codo

_____ **3.** Esta parte une el cuerpo con la cabeza.   **c.** la muñeca

_____ **4.** Esta parte une las dos partes del brazo.   **d.** el cuello

_____ **5.** Esta parte une la pierna con el pie.   **e.** la espalda

C. Entre atletas.   Laura and Silvia are athletic trainers. Listen as Silvia breaks in her new colleague. Then, answer the questions that follow.

LAURA: Yo no sé mucho del fútbol latino. No es como el fútbol americano, ¿verdad?

SILVIA: No. En el fútbol latino no usamos las manos, ni los brazos. Usamos los pies, el pecho y la cabeza.

LAURA: Y, ¿cuáles son los problemas médicos más comunes en el fútbol?

SILVIA: Los tobillos torcidos, las fracturas, especialmente en las piernas, y los golpes en la cabeza o las rodillas.

LAURA: Y las muchachas son buenas atletas, ¿no?

SILVIA: Sí, sí. Eloísa Ochoa y Carmen Luna son excelentes. Carmen es la muchacha alta de pelo castaño y ojos azules. Eloísa tiene el pelo negro y los ojos verdes. Es bajita y muy delgada. Allí están las dos.

1. ¿Quién tiene más experiencia, Laura o Silvia?

_____

2. ¿Qué partes del cuerpo usamos en el fútbol latino?

_____

3. ¿Qué partes no usamos?

_____

4. ¿Cuáles son los problemas más comunes?

_____

5. ¿Quién es la muchacha alta con los ojos azules?

_____

6. ¿Cómo es Eloísa Ochoa?

_____

Estructuras   *Naming body parts: Más sobre los adjetivos*

D. Vamos a describir.   Write a complete sentence with the elements provided below, making sure to match the number and gender of the noun and adjective in each case.

Modelo: Los uniformes de las enfermeras/blanco
Los uniformes de las enfermeras son blancos.

1. Los termómetros/nuevo   _____

2. Los formularios/viejo   _____

3. El hospital/moderno   _____

4. La sangre/rojo   _____

5. La postura/importante   _____

E. El señor Maldonado.   Complete the paragraph with the correct form of the adjective in parentheses.

La médica examina al Sr. Maldonado. Él tiene la garganta (hinchado) (1) _____ , los ojos

(rojo)(2) _____ , y la nariz (congestionado) (3) _____ . No quiere comer porque tiene

el estómago (delicado)(4) _____ . El Sr. Maldonado y su esposa siempre están (saludable)

(5) _____ . Ellos no son viejos, son bastante (joven)(6) _____ . Los dos tienen la presión

arterial muy (elevado) (7) _____ , por su peso. Los dos son (obeso) (8) _____ .

F. ¿Cómo son ellos?   Describe each of the six people listed below according to the drawings. Include as many characteristics as possible for each one.

1.   2.   3.   4.   5.   6.

1. Don Paco   _____

2. Teresa   _____

3. Sarita   _____

4. Martín   _____

5. Doña Lola   _____

6. Bruto   _____

La cabeza

G. La cabeza. Match the definitions below with their corresponding drawing, then write the name of the body part shown.

a.   b.   c.   d.   e.   f.

1. _____ Esta parte es buena para comer. _____

2. _____ Esta parte es buena para identificar mi perfume favorito. _____

3. _____ Esta parte es buena para mirar películas. _____

4. _____ Esta parte es buena para escuchar mi música favorita. _____

5. _____ Hay personas que tienen esta parte muy grande, como Mick Jagger. _____

6. _____ Esta parte es buena para la barba de Fidel Castro. _____

H. ¿Dónde lo usamos? Indicate the part of the body associated with each item.

1. el hilo dental   _____

2. los lentes de contacto   _____

3. el champú   _____

4. el inhalador   _____

5. Blistex   _____

6. Crest   _____

Estructuras   *Talking about present activities: Los verbos que terminan en -ar*

I. ¿Es lógico o ilógico? Indicate whether each statement is logical (**Lógico**) or illogical (**Ilógico**). Correct the incorrect statements.

1. _____ Hablamos con la boca. _____

2. _____ Miramos con los pies. _____

3. _____ Masticamos con los dientes. _____

4. _____ Respiramos con el codo. _____

5. _____ Palpamos con las manos. _____

6. _____ Comemos con las orejas. _____

7. _____ Observamos con los ojos. _____

8. _____ Caminamos con los pies. _____

J. Es hora de conjugar. Complete the paragraph with the correct form of the verb in parentheses, according to the context.

La Sra. Benavides (1) _____ (visitar) la clínica hoy. El enfermero (2) _____ (anotar) la historia clínica. Él (3) _____ (preguntar): ¿(4) _____ (fumar) usted, señora? Ella (5) _____ (contestar): No (6) _____ (fumar), pero mi esposo y mi hijo sí (7) _____ (fumar). La médica (8) _____ (examinar) a la señora. Ella (9) _____ (palpar) las glándulas y (10) _____ (auscultar) el pecho.

K. Sea creativo. Write an original, logical sentence using each of the following verbs. Don't forget to conjugate each verb to agree with your subject.

1. preparar _____

2. limpiar _____

3. ayudar _____

4. tomar _____

5. regresar _____

6. identificar _____

L. El informe. First, read this police report, then choose the best answer to each of the questions that follow.

La policía busca a
Abelardo Esquivel, ciudadano de Estados Unidos.

Esquivel tiene treinta y siete años, es alto, de ojos azules y pelo rubio. Es obeso, pesa doscientas noventa y cinco libras. Esquivel no es un criminal. La policía necesita hablar con él porque su familia está muy preocupada. El Sr. Esquivel es diabético y necesita inyecciones de insulina todos los días. Si no toma la insulina puede morir (*die*). La residencia permanente del señor Esquivel está en Chicago, pero ahora estudia anatomía en Cuernavaca. Si tiene información sobre el señor Esquivel, por favor, informe a la policía local.

1. ¿De dónde es el señor Esquivel?

   a. Estados Unidos   **b.** México   **c.** Cuernavaca

2. ¿De qué color son los ojos del señor Esquivel?

   a. castaños   **b.** verdes   **c.** azules

3. ¿Cuánto pesa el señor Esquivel?

   a. 195 libras   **b.** 200 libras   **c.** 295 libras

4. ¿Cuántos años tiene?

   a. 27   **b.** 37   **c.** 67

5. ¿Quiénes están preocupados?

   a. los miembros de su familia   **b.** los policías   **c.** los criminales

Módulo 2

Los órganos

A. ¿Es o no es?   Indicate if each one of the following items is an organ (**Sí**) or not (**No**).

1. el dedo   _____

2. el riñón   _____

3. el pelo   _____

4. el hígado   _____

5. el pulmón   _____

6. la mejilla   _____

7. el corazón   _____

8. el ovario   _____

B. ¿Qué órgano está afectado?   For each problem below, indicate the organ that is probably affected.

1. cirrosis   _____

4. diálisis   _____

2. infertilidad   _____

5. taquicardia   _____

3. tabaquismo   _____

6. tumor cerebral   _____

C. Enfermedades relacionadas.   Name at least one disease or problem related to the following organs. You may look up the Spanish name for any diseases or problems you don't know, or choose among the options included below.

hepatitis	infarto	cáncer de ovarios
dermatitis	enfisema	insuficiencia renal

El hígado: _____

El corazón: _____

El sistema reproductivo: _____

Los riñones: _____

La piel: _____

Los pulmones: _____

Estructuras   *Talking about present activities: Los verbos que terminan en -er, -ir*

D. Un poco de práctica.   Complete each sentence with the correct form of the verb in parentheses.

1. El niño _____ (temer) ir al hospital.

2. Su madre _____ (insistir) en ir al hospital esta tarde.

3. Ella no _____ (comprender) por qué está nervioso.

4. Cuando visitan el hospital el niño siempre _____ (recibir) una inyección.

5. Y tú, ¿ _____ (temer) ir al hospital?

6. Yo _____ (ver) que estás un poco nervioso; ¿por qué?

7. Nosotros _____ (vivir) en una ciudad donde no hay hospital.

8. Yo _____ (creer) que es importante tener un hospital en la ciudad.

E. Una sopa de verbos.   Your boss filled in a report about Sr. and Sra. Vargas, but forgot to insert the verbs. Fill in each blank with the correct form of the appropriate verb according to the context. **¡OJO!** You will not need to use all the verbs.

beber	comer	ver	creer
decidir	sufrir	discutir	recibir

1. El Sr. Vargas tiene el colesterol elevado. Él _____ mucha grasa.

2. Él también _____ de cirrosis.

3. Él _____ mucho alcohol.

4. Nosotros _____ que el Sr. Vargas tiene muchos problemas de salud.

5. El señor y la señora Vargas tienen muchos problemas. Ellos siempre _____ .

6. Hoy la señora Vargas _____ una inyección en el brazo.

F. ¿Qué hacen allí?   Use your imagination and the cues below to determine what these people do at their workplace on a daily basis.

Modelo: El dentista/examinar. . .
        El dentista examina la boca de sus pacientes.

1. La enfermera/recibir. . .   _____

2. Los representantes/discutir. . .   _____

3. Los médicos/decidir. . .   _____

4. Los pacientes/comprender. . .   _____

5. Los familiares/temer. . .   _____

Los sistemas

G. Asociaciones.   Match each system with one of the conditions below.

1. _____ El sistema reproductivo

2. _____ El sistema respiratorio

3. _____ El sistema digestivo

4. _____ El sistema circulatorio

5. _____ El sistema nervioso

a. bronquitis

b. cáncer de próstata

c. ataques de pánico

d. úlceras

e. hemofilia

H. Un caso interesante.   A couple of doctors, Rámon Linares and Luisa Gorostiza, talk about a case. Read their dialogue and then answer the questions below according to what you read.

RAMÓN: Tengo un caso bastante interesante. Es un joven con dolores fuertes de estómago y vómitos. Es un estudiante universitario, alto y fuerte.

LUISA: ¿Tiene dolores constantes?

RAMÓN: No, sólo una o dos veces por semana, por la noche.

LUISA: Y, ¿los exámenes médicos? ¿Son buenos?

RAMÓN: Ése es el problema. Palpo el estómago, examino el sistema digestivo, la sangre, tomo unos rayos X y... ¡nada! El muchacho tiene apetito y no tiene fiebre. No es apendicitis, y no hay evidencia de infección.

LUISA: Creo que es un problema de nervios. Él es atleta, ¿no? ¿Es futbolista?

RAMÓN: No, él juega a básquetbol. Es muy bueno, el mejor de la universidad.

LUISA: ¿Cuándo sufre dolores, antes o después de jugar?

RAMÓN: Antes. ¡Ajá! Ya veo. ¿Crees que está preocupado por el partido (*match*)? Es probable. El muchacho es nervioso....

LUISA: Estoy segura de que sufre ataques los martes y los jueves, antes de los partidos, ¿no es así?

RAMÓN: Exacto. Bueno, tengo prisa. Tengo que hablar con el muchacho.

1. ¿Cuántos años tiene el paciente, probablemente?

a. 10 años   **b.** 20 años   **c.** 40 años

2. ¿Cómo es el paciente?

a. fuerte   **b.** débil   **c.** delicado

3. ¿Cuál es su profesión?

a. médico   **b.** profesor   **c.** estudiante

4. ¿Dónde tiene dolores?

a. en la cabeza   **b.** en el estómago   **c.** en el cuello

5. ¿Cuándo tiene ataques?

   a. todos los días   **b.** uno o dos días a la semana   **c.** una vez al mes

6. ¿Qué revelan los exámenes?

   a. apendicitis   **b.** una infección   **c.** nada

I. ¿Comprende algo más?   Now see if you can answer the following questions with information from the dialogue.

1. ¿Cómo es la personalidad del paciente? _____

2. ¿Qué exámenes recibe? _____

3. ¿Qué cree Luisa? _____

4. ¿Por qué sufre el paciente los ataques los martes y los jueves? _____

Estructuras   *Physical conditions: Expresiones con tener y estar*

J. Una visita al dentista.   Complete the following paragraph with the correct form of the appropriate verb, **tener** or **estar,** according to the context.

Yo (1) _____ dolor de dientes. Mi dentista no (2) _____ en su oficina. Él y su

esposa (3) _____ en la clínica hoy hasta las 8:00. Mis amigos y yo (4) _____

una reservación en el restaurante Oviedo a las 7:00. El restaurante (5) _____ en la calle Mayor.

Yo (6) _____ preocupado y (7) _____ miedo. ¿Tú

(8) _____ miedo cuando (9) _____ en la consulta del dentista? ¿No

(10) _____ nervioso? Yo, sí. No puedo ir al restaurante hoy. Todos nosotros

(11) _____ ganas de comer allí, pero yo no (12) _____ hambre.

K. Un poquito más personal.   Answer the following questions with your own information.

1. ¿A qué hora tienes hambre? _____

2. ¿A qué hora tienes sueño? _____

3. ¿Cuántos años tienes? _____

4. ¿Dónde estás en este momento? _____

5. ¿Tienes ganas de descansar o de estudiar? _____

6. ¿Tienes hambre o sed? _____

A leer

Preparación para la lectura.   Before reading this article on depression and possible treatments, try to determine what you already know about depression. Then, based on what you know, jot down a few predictions about the type of information you think will be covered in the article. What audience do you think it'll be geared to? What do you think will be the main purpose of the article? What will the tone be? Do you think there will be some recommendations? If so, what type?

After you come up with some predictions, read the article, looking for the general meaning; try to determine if your predictions were accurate or not.

La depresión y las terapias

La depresión no es un estado melancólico temporal, sino un trastorno serio, que causa gran preocupación en el campo de la salud mental. Para aliviar el sufrimiento, las personas deprimidas en ocasiones recurren a terapias alternativas, en lugar de tomar fármacos o medicamentos. Muchas personas piensan que las terapias alternativas son más naturales y no tienen efectos secundarios. En el caso de la depresión, los enfermos buscan algo más "trascendente" que la medicina tradicional. Muchos pacientes aceptan tratamientos que, en ocasiones, no tienen valor científico y no han sido validados por las asociaciones profesionales. A veces los pacientes no saben que sufren de esta enfermedad y tratan de solucionar su tensión, irritabilidad o falta de energía de otras maneras. Después de tomar medicamentos antidepresivos y de someterse a tratamientos convencionales sin obtener resultados positivos, muchos pacientes recurren a terapias alternativas como la última alternativa para curar su enfermedad. ■

L. ¿Comprende usted?   Indicate whether each of the following statements is **cierto (C)** or **falso (F)** according to the reading. If the statement is incorrect, correct it.

1. _____ La depresión es un problema mental temporal.

2. _____ La depresión es un trastorno serio.

3. _____ Los profesionales de la salud se preocupan mucho por la depresión.

4. _____ Algunas personas prefieren las terapias alternativas.

5. _____ Estas terapias no tienen efectos secundarios.

6. _____ Los pacientes siempre saben que tienen una enfermedad.

A buscar

Have you ever been depressed? If not, do you know anyone who has suffered from depression? Would you know the symptoms if one of your friends were clinically depressed? Would you have the necessary information to help them out? Visit *www.salud.com* and collect some information about this topic. Then write a short pamphlet in Spanish including at least five symptoms of depression.

LECCIÓN 3

Las dolencias

Módulo I

Estoy resfriado

A. ¿Qué palabra falta?   Complete each sentence below with an appropriate word from the list.

dormir	cobija	escalofríos	fiebre	aspirinas	caldo	jugo

I. Tiene una temperatura de 102°. Tiene _____ .

2. Si tiene sueño debe _____ .

3. Cuando tiene dolor de cabeza, él toma dos _____ con agua.

4. La fiebre causa los _____ .

5. ¿Tienes frío? ¿Deseas otra _____ ?

6. Ella no tiene mucho apetito, pero debe tomar algo caliente, como un _____ .

7. Tengo sed. ¿Tenemos _____ de frutas?

B. En la cafetería.   Two friends meet at the company cafeteria. Read the dialogue, then indicate if each statement that follows is **cierto** (**C**) or **falso** (**F**) according to the information provided.

ADELA: ¿Qué te pasa, Benito? ¿No tienes apetito? Estás comiendo muy poco.

BENITO: Estoy tomando un caldo. Me duele la cabeza y estoy tosiendo y estornudando constantemente. No sé qué tengo.

ADELA: Creo que tienes gripe. Debes ir al médico.

BENITO: Ah, la gripe no es nada. No estoy preocupado.

ADELA: Amigo, la gripe es un problema serio. Miles de personas mueren de la gripe cada año.

BENITO: ¿Estás hablando en serio? ¿Miles? Bueno, esta tarde voy al médico.

I. _____ Benito tiene mucho apetito.

2. _____ Él está tomando un jugo.

3. _____ Benito tiene dolor de cabeza.

4. _____ Él está vomitando.

5. _____ Adela cree que él tiene diabetes.

6. _____ Benito está muy preocupado.

7. _____ Adela dice que cientos de personas mueren de la gripe cada año.

8. _____ Benito va al médico esta tarde.

C. ¡Qué lío! One of the medical students in your class is very disorganized and has asked you to look over his notes to make sure he wrote down everything correctly. Look at the statements he wrote, and rewrite each one as needed.

I. La gripe es una infección del sistema reproductivo.

_____

2. Los antibióticos no son buenos para las infecciones.

_____

3. Hay que vacunarse contra la gripe después de tener la enfermedad.

_____

4. No existe ninguna vacuna contra la gripe.

_____

Estructuras   _Activities in progress: El presente progresivo_

D. El abuelo está sordo. Your poor grandfather is so deaf that you have to repeat to him everything the nurses say. Answer his questions, using the present progressive, to let him know who's doing what around here.

Modelo: ¿Quién habla? ¿El director?
        Sí, el director está hablando.

I. ¿Quién prepara la medicina? ¿Tú?   _____

2. ¿Quiénes beben jugo? ¿Ustedes?   _____

3. ¿Quién lee el informe? ¿El enfermero?   _____

4. ¿Quiénes duermen? ¿Los niños?   _____

5. ¿Quiénes gritan? ¿Mi familia y yo?   _____

6. ¿Quiénes sufren? ¿Las víctimas?   _____

7. ¿Quién trae los medicamentos? ¿El farmacéutico?   _____

8. ¿Quién examina al paciente? ¿La doctora Soto?   _____

E. Adivinanzas.   As you wait patiently for the doctor to return to see your grandfather, you decide to play a guessing game with your little niece, who's also in the room. She's going to describe several people to you, and you must tell her what these people are doing according to the descriptions she provides.

Modelo: La doctora Vidal tiene un estetoscopio en la mano.
   Está auscultando a un paciente.

1. El abuelito tiene una cuchara en la mano.   _____

2. El radiólogo mira una radiografía.   _____

3. La recepcionista tiene un teléfono en la oreja.   _____

4. El enfermero tiene un papel y un lápiz.   _____

5. La enfermera tiene unas aspirinas y un vaso de agua.   _____

F. En la sala de operaciones.   Complete the paragraph with the correct present progressive form of an appropriate verb from the following list.

limpiar	preparar	estudiar	cerrar
respirar	perder	sentir	

Los médicos están operando a un paciente en este momento. Los enfermeros (1) _____ los instrumentos médicos. La Dra. Vico (2) _____ las radiografías. El paciente (3) _____ normalmente. Poco a poco el paciente (4) _____ el conocimiento. La operación dura unas horas. Una enfermera (5) _____ la frente de la doctora. La operación termina y la doctora (6) _____ la incisión con unos puntos. Los médicos y los enfermeros (7) _____ un gran alivio después de una operación tan delicada.

Los primeros auxilios

G. Los estudiantes de medicina.   Andrés and Marisol are medical students, and they're preparing for tomorrow's exam. Read their dialogue, then answer the questions that follow according to the information provided.

MARISOL: ¿Estás preocupado, Andrés? ¿Qué te pasa?

ANDRÉS: Estoy pensando en el examen de mañana. Los exámenes del profesor Ruíz son muy difíciles. Tengo miedo de no recordar nada en el examen. Es un examen sobre los primeros auxilios.

MARISOL: Yo te ayudo. Te hago las preguntas y tú contestas. ¿Está bien? Primero, ¿cuáles son los signos vitales principales?

ANDRÉS: Eso es fácil. El pulso, la respiración, la temperatura y la presión arterial.

MARISOL:	¡Excelente! Ahora, si una persona tiene un accidente de tráfico y está inconsciente, ¿qué haces?
ANDRÉS:	No hay que mover a la persona. Hay que cubrirla con una cobija y ver si hay sangre y mirar los ojos para ver si reacciona a la luz.
MARISOL:	Ahora, vamos a las quemaduras. ¿Qué tienes que hacer?
ANDRÉS:	Hay que mantener la quemadura limpia y no tocar la herida.
MARISOL:	Bien, ya estamos terminando. La última pregunta es sobre la espina dorsal. ¿Qué haces con la víctima, por ejemplo, en un partido de fútbol?
ANDRÉS:	Ver si siente las extremidades. Si no, hay que inmovilizar a la víctima y llevarla inmediatamente a la sala de emergencia.

1. ¿Por qué está preocupado, Andrés?

_____

2. ¿Sobre qué es el examen?

_____

3. ¿Cómo ayuda Marisol?

_____

4. ¿Cuál es la primera pregunta que hace Marisol?

_____

5. ¿Qué hay que hacer con una víctima inconsciente en un accidente de tráfico?

_____

6. ¿Qué es lo más importante para tratar una quemadura?

_____

H. Los informes de los paramédicos.   Read each of the following paramedic reports and then answer the questions that follow.

> ○ *Accidente de tráfico*
> ○ *Hombre de 77 años con*
> ○ *fractura de cadera y lesiones.*
> ○ *Está aturdido, pero consciente.*
> ○ *No tiene identificación.*

1. ¿Qué edad tiene la víctima?   _____

2. ¿Qué heridas tiene?   _____

3. ¿Cuál es su estado mental?   _____

Víctima de un robo en la calle
Mujer de 58 años.
Golpes en el cráneo.
Está inconsciente.
Está sangrando por la cabeza.

1. ¿Cuál es la edad de la víctima? _____

2. ¿Cual es su estado mental? _____

3. ¿Qué tipo de accidente tuvo (*had*)? _____

Residencia para ancianos

Hombre mayor que está sufriendo un ataque cardíaco.

Está recibiendo oxígeno en este momento.

Está consciente pero está sufriendo mucho dolor en el pecho.

1. ¿El hombre es joven o viejo? _____

2. ¿Qué está pasando? _____

3. ¿Qué está recibiendo? _____

Estructuras   *Ways of being: Ser y estar*

I. Unas descripciones muy detalladas.   Complete each of these statements with **ser** and an appropriate adjective from the following list. **¡OJO!** You will not need to use all adjectives in the list.

fuerte	inteligente	aburrido	delicado
rico	grave	saludable	útil

1. El atleta hace mucho ejercicio. Él _____

2. No me gusta escuchar música clásica, creo que esa música _____

3. Los señores Ruíz tienen mucho dinero. Ellos _____

4. Tengo cuidado con la comida porque mi estómago _____

5. Nunca estamos enfermos. Nosotros _____

6. Ustedes son buenos estudiantes de medicina. Creo que ustedes _____

J. ¿Cómo están?   Now that you're done with your detailed descriptions, complete each statement below using **estar** and the correct form of the adjective in parentheses.

1. Nosotros _____ (interesado) en los resultados.

2. ¿Tú _____ (triste) hoy?

3. Las enfermeras _____ (preocupado).

4. Yo _____ (confundido).

5. La directora siempre _____ (tranquilo).

6. Creo que el tobillo _____ (torcido).

K. Algo de información sobre Ramón.   Complete the following paragraph with the appropriate forms of **ser** or **estar,** in order to find out a few things about Ramón Tavares.

Ramón Tavares (1) _____ de Chile. Ahora (2) _____ en Boston donde

(3) _____ estudiando medicina. Sus padres (4) _____ muy contentos porque

Ramón (5) _____ un estudiante excelente. Los padres de Ramón

(6) _____ profesionales. La madre (7) _____ doctora en medicina y el

padre (8) _____ farmacéutico. Ellos ahora (9) _____ en Miami pasando sus

vacaciones. La madre llama a Ramón por teléfono y dice: Ramón, (10) _____ un poco

nerviosa. ¿(11) _____ bien? Hace mucho frío en Boston, ¿no? Tu papá y yo

(12) _____ preocupados por tu salud. Tú (13) _____ muy delicado. Ramón

dice: Mamá, (14) _____ muy bien. Mis amigos y yo (15) _____ estudiantes

muy serios y (16) _____ dedicados a los estudios.

Módulo 2

La enfermera de la escuela

A. ¿Hay vacuna?   Are you up to date on vaccinations? Do you know what is available and what is not? Use your medical knowledge to determine if there is a vaccine for each of the following ailments. If there is a vaccine, mark the space with an X.

1. _____ el sarampión

2. _____ el SIDA

3. _____ la varicela

4. _____ la gripe

5. _____ la pulmonía

6. _____ la hepatitis B

7. _____ la poliomielitis

8. _____ la diabetes

B. Una visita al pediatra. Sra. Méndez takes her son Carlitos to the pediatrician's office after Carlitos has been complaining of a number of symptoms all day. Read the dialogue and then use the information provided to answer the questions below.

RECEPCIONISTA:	¿Cómo está usted hoy, Sra. Méndez?
SRA. MÉNDEZ:	Yo estoy muy bien, pero mi Carlitos está malo. Está estornudando y llorando todo el día y le pican los ojos.
RECEPCIONISTA:	El Dr. Herrera está con un paciente pero enseguida va a ver a Carlitos. ¡No llores, Carlitos!
DOCTOR:	Hola Carlitos. ¿Qué tal, señora Méndez? A ver...Ven aquí, Carlitos.

(*The doctor examines Carlitos.*)

DOCTOR:	El niño no tiene fiebre. Todos los signos vitales son normales. Pero tiene la nariz congestionada y picazón en los ojos. ¿No es así, señora?
SRA. MÉNDEZ:	Sí, doctor. ¿Es grave?
DOCTOR:	Creo que no. Ahora hay mucho polen en el aire. Probablemente el niño tiene una alergia. Voy a hacerle una prueba (*test*).

(*A few minutes later. . .*)

DOCTOR:	Es una alergia. No es nada serio. Voy a ponerle una inyección para aliviar los síntomas. También debe tomar este medicamento si continúan los síntomas.
SRA. MÉNDEZ:	Gracias, doctor. ¿Algo más?
DOCTOR:	No señora, sólo paciencia; las alergias no son peligrosas (*dangerous*).

1. ¿Quién no está bien?

   a. la Sra. Méndez   **b.** Carlitos

2. ¿Qué está haciendo el niño?

   a. está llorando   **b.** está jugando

3. ¿Dónde tiene picazón el paciente?

   a. en la nariz   **b.** en los ojos

4. ¿Qué hay en el aire?

   a. contaminación   **b.** polen

5. ¿Qué tiene el niño?

   a. una alergia   **b.** una infección

6. ¿Con qué va a aliviar los síntomas el médico?

   a. con una prueba   **b.** con una inyección

Estructuras   *Telling what you are going to do: El verbo ir y el futuro inmediato*

C. ¿Adónde van?   The receptionist at the hospital is a little nosy and wants to know where everybody is going. Tell her what you know, based on the cues below.

Modelo: Luis y Antonio/cafetería
   Luis y Antonio van a la cafetería.

1. La víctima/sala de emergencia   _____

2. Ustedes/Boston   _____

3. El Dr. Ascasio/conferencia   _____

4. Tú/farmacia   _____

5. La Dra. Vidal/consultorio   _____

6. Nosotros/casa de la directora   _____

D. Ahora no, después.   Unfortunately, the information you gave the receptionist doesn't seem to be enough. Now she wants to know what the following people will do later on. See if you can help her out.

Modelo: ¿Está el doctor en la clínica ahora?
   Ahora no, pero va a la clínica a las ocho.

1. ¿Están los médicos en la sala de cirugía? _____

2. ¿Estás en el consultorio en este momento? _____

3. ¿Están ustedes en la recepción ahora? _____

4. ¿La enfermera está en clase de anatomía? _____

5. ¿El niño está en la enfermería? _____

E. Y mañana, ¿qué?   Although your patience is now running short, the receptionist keeps bugging you for information about everyone in the hospital. Maybe you could help her out just one more time?

Modelo: ¿Eloísa está trabajando hoy?
   No, Eloísa va a trabajar mañana.

1. Y tú, ¿estás descansando hoy?   _____

2. ¿Están trabajando los enfermeros hoy?   _____

3. ¿Está el médico examinando a los niños hoy?   _____

4. ¿Ustedes están preparando los informes hoy?   _____

5. ¿Estoy haciendo muchas preguntas hoy?   _____

6. ¿Vamos a preparar los tratamientos hoy?   _____

Las enfermedades de la niñez

F. ¿Tiene buena memoria?   Do you remember all the childhood diseases you had as a small child? To help you get started, look at the following diseases and place an X next to those that are commonly considered "childhood problems."

I. _____   las paperas

2. _____   el sarampión

3. _____   el catarro

4. _____   la rubéola

5. _____   la hepatitis C

6. _____   la varicela

7. _____   los ataques al corazón

8. _____   el alcoholismo

G. El médico en casa.   Read the following questions submitted to a health Web site devoted to children's ailments. Then determine what answer below should go with each question.

Pregunta 1: Doctor, no sé qué tiene mi bebé. Sólo tiene seis meses y llora y llora. Estoy muy nerviosa. No veo ninguna erupción. No tiene fiebre, pero se pone las manos en la boca constantemente. ¿Qué hago?

Pregunta 2: Mi hija de cinco años tiene un poco de fiebre y dolor de cabeza. Ahora le están saliendo ampollas y erupciones en la barriga. Ella quiere visitar a las amiguitas. ¿Puede ir a ver a sus amigas?

Pregunta 3: Doctor, ¿qué sabe usted de las reacciones a las vacunas? Mi médico recomienda vacunas contra el sarampión y otras enfermedades. Pero yo tengo miedo porque mi bebé es pequeñito y puede tener una reacción alérgica. ¿Qué hago?

Respuestas

a. _____ Su hija debe tener varicela. Necesita ir al hospital o al médico inmediatamente, especialmente si tiene fiebre. No debe permitir a su hija ver a las amiguitas si está enferma. La varicela es muy contagiosa.

b. _____ Señora, estos síntomas son perfectamente normales. Cuando los bebés tienen 6 o 7 meses les salen los dientes y normalmente sienten dolor. De todas formas, debe llevar al bebé al doctor para examinarlo y saber cuál es la causa del problema.

c. _____ Algunas personas tienen reacciones alérgicas a las vacunas, pero normalmente no son graves. El sarampión, la rubéola y otras enfermedades sí son graves, mucho más serias que las reacciones alérgicas. Señora, debe escuchar a su médico, para el bien de su bebé.

Estructuras   *More present activities: Verbos irregulares en el presente*

H. ¿Cuándo?   Your friend Prudence is asking you questions about your schedule to see if you two have any chance of meeting during your work day. Answer her questions with appropriate information according to the model. Feel free to make up the answers.

Modelo: ¿A qué hora sales para el hospital?
Salgo para el hospital a las 7 de la mañana.

1. ¿A qué hora sales del consultorio?

_____

2. ¿Cuándo traes los informes médicos a la biblioteca?

_____

3. ¿Dónde haces las preparaciones para la cirugía?

_____

4. ¿Dónde pones tu comida durante las clases en el hospital?

_____

5. ¿A qué hora conduces la ambulancia?

_____

6. ¿Conoces el restaurante que está cerca (*near*) del hospital?

_____

I. ¡Qué mujer tan pesada!   Just when you thought you had gotten rid of that pesky receptionist, what do you know? She happens to be sitting next to you on the morning train on your way to the hospital. Be kind, she just has a few little questions. . . . Make sure to answer them according to the cues.

1. ¿Qué haces hoy? (mi trabajo) _____

2. ¿A quién conoces en este tren? (a Moisés) _____

3. ¿A qué hora sales del hospital esta noche? (a las nueve) _____

4. ¿Conoces a Anthony Edwards? (no) _____

5. ¿Quién conduce hoy la ambulancia? (yo) _____

J. Un día normal y corriente.   Inspired by the pesky receptionist, you've decided to spend the rest of the time during your ride jotting down some notes about your daily routine. Use the verbs below in the correct form, to complete the notes. ¡OJO! There are more verbs than you will need!

salir	oír	hacer	saber	conocer	parecer	conducir	traer	traducir

Yo (1) _____ de casa a las 6:30 para ir a la clínica. Tomo el bus, porque no

(2) _____ . En la clínica tenemos muchos pacientes latinos. Por eso, muchos no

(3) _____ hablar inglés. Yo (4) _____ hablar español y

(5) _____ del español al inglés cuando mis colegas tienen pacientes latinos. Mis amigos y

yo (6) _____ a muchos médicos y enfermeros latinos. Bueno, normalmente trabajo todo el

día y después regreso a casa. Los sábados (7) _____ muy poco. Normalmente

(8) _____ mi música favorita y descanso.

A leer

Preparación para la lectura. Before you read this medical article about an epidemic of influenza, think about the knowledge you already have regarding this topic. Have you ever heard about an epidemic? Have you ever been affected by one? Throughout history there have been cases of very serious epidemics. Can you think of any of them? What do you think is the best way to avoid an epidemic? Jot down your thoughts and doubts before you read the article and see if it can help you answer any of the questions you may have. Then answer the questions below to make sure you understood the information.

Una epidemia de influenza

Las epidemias por influenza A suelen comenzar abruptamente, alcanzar la máxima intensidad en dos o tres semanas y durar entre 2 y 3 meses.

La epidemia de influenza A que ocurrió entre 1918 y 1919, llamada "gripe española", fue causada por un virus relacionado con el virus clásico de la influenza A, pero su origen no fue claramente establecido. La enfermedad ocurrió casi simultáneamente en 1918 en Estados Unidos, Europa y África. Muchos pacientes eran jóvenes menores de 40 años. Estos pacientes murieron (*died*) por neumonías y otros efectos de la influenza. La epidemia de la gripe española afectó prácticamente a la mitad de la población mundial, causando unos 20 millones de muertes.

I. What disease is the focus of the article?

_____

2. How long does the outbreak usually last?

_____

3. When does it reach its greatest intensity?

_____

4. What happened in 1918–1919?

_____

5. What segment of the population was hard hit?

_____

6. How many people died from this epidemic?

_____

A buscar

Many of us think that nowadays, epidemics of great proportions take place only in underdeveloped countries, although this is not the case. Visit *www.buscasalud.com* and find as much information as you can about an epidemic in the 20th or 21st centuries. Then write a short report with your findings and present it orally to your classmates (in Spanish, of course!).

LECCIÓN 4

Las enfermedades graves

Módulo I

La diabetes

A. Sinónimos. Match each numbered item to its corresponding lettered item.

1. _____ gordo
2. _____ sedentario
3. _____ sin vista
4. _____ robusto
5. _____ indicación

a. saludable
b. señal
c. inactivo
d. obeso
e. ciego

B. Definiciones. Can you remember the term being defined by each one of these expressions? If not, you may want to review some of the lesson's vocabulary.

1. nivel bajo de azúcar en la sangre _____

2. nivel alto de azúcar en la sangre _____

3. hormona que metaboliza la glucosa _____

C. Una familia cualquiera. As you read this dialogue, you'll find out about this family's medical history. Use the information you find to complete the questions below.

ENFERMERA: ¿Hay problemas de salud en tu familia?

RAÚL: A ver.... Tengo tres hermanos, un hermano y dos hermanas. Mis hermanas son muy saludables, pero mi hermano Samuel tiene problemas. Está obeso, pesa más de doscientas libras y nunca hace ejercicio. Lleva una vida sedentaria; siempre está mirando la televisión.

ENFERMERA: ¿Tus padres tienen problemas también?

RAÚL: No, ellos tienen una vida muy activa; son personas saludables. Pero mi tío Braulio, el hermano de mi padre, tiene diabetes, igual que su padre, mi abuelo don Gaspar. Los dos reciben inyecciones de insulina todos los días. Mi abuelo está ciego por la diabetes.

ENFERMERA: ¿Hay otros casos de diabetes entre tus familiares? ¿Algún primo?

RAÚL: Hmm. La hija de mi tío Braulio, mi prima Susana, me tiene preocupado. Es gordita, siempre está comiendo dulces y siempre tiene que orinar.

ENFERMERA: Entonces ella debe ir al médico para saber si tiene diabetes. Y tú, Raúl, ¿estás bien?

RAÚL: Sí, estoy muy bien.

1. ¿Cómo son los padres de Raúl?

   a. obesos   **b.** activos   **c.** sedentarios

2. ¿Quién es Braulio?

   a. el tío de Raúl   **b.** el hermano de Raúl   **c.** el padre de Raúl

3. ¿Qué tienen que hacer el tío y el abuelo de Raúl?

   a. inyectarse   **b.** tomar azúcar   **c.** orinar con frecuencia

4. ¿Cómo es Susana?

   a. gorda   **b.** activa   **c.** saludable

5. ¿Por qué debe Susana ir al médico? _____

D. Problemas con la insulina. Do you know much about diabetes? Do you remember what you read about insulin reactions? This is your chance to prove it!

¿Cuáles son tres síntomas de una reacción severa a la insulina?

1. _____

2. _____

3. _____

¿Cuáles son tres causas de una reacción severa a la insulina?

4. _____

5. _____

6. _____

Estructuras   *Indicating relationships: Los adjetivos posesivos*

E. ¡Qué familia tan complicada!   Manolito, your little cousin, is preparing a family tree for a school assignment, and he is a little confused as to who is who. Can you help him out?

Modelo: ¿Quién es la mamá de mi mamá?
     La mamá de tu mamá es tu abuela.

1. ¿Quién es el papá de mi papá? _____

2. ¿Quién es la hija de mi mamá? _____

3. ¿Quién es la hermana de mi mamá? _____

4. ¿Quién es el hermano de mi papá? _____

5. ¿Quién es el hijo de mi hermano? _____

6. ¿Quién es la hermana del hijo de mi hermano? _____

F. ¿De quién es...?   With so many people in and out of the hospital, things are a bit messy. Let's see if you can help organize everything.

Modelo: El estetoscopio, ¿es de usted?
     Sí, es mi estetoscopio.

1. El paciente, ¿es del Dr. Rosas?   _____

2. Las medicinas, ¿son de ustedes?   _____

3. Y la aspirina, ¿es de la señora?   _____

4. Los formularios, ¿son de los médicos?   _____

5. Las píldoras, ¿son de usted?   _____

6. La cobija, ¿es de ella?   _____

7. Los medicamentos, ¿son de él?   _____

8. Y el jarabe, ¿es de ustedes?   _____

Problemas del corazón

G. Emparejar.   Can you match each phrase on the left with an appropriate item in the right column?

1. _____   la comida del mediodía   **a.** acostar

2. _____   la máquina que mide el ritmo del corazón   **b.** pensar

3. _____   usar el cerebro y la imaginación   **c.** ECG

4. _____   poner a una persona en la cama   **d.** pedir

5. _____   solicitar una cosa de otra persona   **e.** el almuerzo

H. ¿Es bueno o malo para el corazón? Indicate whether each one of the following behaviors is **bueno (B)** or **malo (M)** for the heart.

I. _____ comer mucha carne roja

2. _____ hacer ejercicio regularmente

3. _____ fumar

4. _____ controlar la presión arterial

5. _____ comer mucha grasa

6. _____ beber mucho alcohol

I. ¡Qué susto! Fernando, Roberto and Carmen's dearest friend, has been rushed to the hospital a few minutes ago. Read the conversation between Carmen and Roberto, and then answer the questions below with the information provided.

CARMEN:	Fernando está en la ambulancia. Va hacia el hospital.
ROBERTO:	Sí, lo sé. Creo que Fernando está teniendo un ataque al corazón. Tiene todos los síntomas.
CARMEN:	¿Sí? ¿Qué síntomas?
ROBERTO:	Bueno, él siempre dice que tiene indigestión y náuseas, ¿no?
CARMEN:	Sí, y a veces siente palpitaciones. Pero él tiene esos síntomas desde hace meses.
ROBERTO:	Tienes razón. Fernando es joven y fuerte y cree que no es un problema serio. . . pero el corazón es un órgano muy importante. Estoy preocupado. . . .
CARMEN:	Sí, yo también. Fernando es mi mejor amigo. ¿A qué hora son las visitas en el hospital?
ROBERTO:	A las siete. Podemos ir juntos.
CARMEN:	Sí, no quiero ir sola.

I. ¿Quién va al hospital en la ambulancia?

_____

2. ¿Qué síntomas tiene?

_____

3. ¿Son síntomas importantes?

_____

4. ¿Fernando cree que es un problema serio?

_____

5. ¿Quiénes van a hacer una visita al hospital?

_____

6. ¿Por qué quiere ir Carmen con Roberto?

_____

Estructuras   *Describing daily activities: Los verbos con cambios de raíz*

J. Lo mismo.   One of the hospital nurses is riding on the bus with your buddy and you this morning, and she is asking questions about what both of you usually do. Answer her according to the model.

Modelo: Yo vuelvo hoy a la sala de urgencias, ¿y ustedes?
Nosotros también volvemos hoy.

1. Yo recuerdo el nombre de todos los médicos, ¿y ustedes?

_____

2. Yo siempre pierdo el autobús por las mañanas, ¿y ustedes?

_____

3. Yo puedo trabajar más de doce horas al día, ¿y ustedes?

_____

4. Yo siempre miento cuando hablo con la recepcionista, ¿y ustedes?

_____

5. Yo acuesto a los pacientes en la sala de maternidad, ¿y ustedes?

_____

K. Decisiones.   Complete each sentence with the correct form of the verb in parentheses, so that you can find out what these two medical interns plan on doing today.

1. ¿A qué hora _____ (comenzar) la clase de anatomía?

2. Pedro _____ (decir) que la clase _____ (comenzar) a la una.

3. ¿Por qué no _____ (almorzar) tú y yo antes de la clase?

4. ¡Buena idea! Yo _____ (preferir) comer temprano.

5. Mis amigos _____ (recomendar) la cafetería de la escuela de medicina.

6. Bueno, vamos allí. ¿Qué comida _____ (servir) allí?

7. De todo. Tú _____ (poder) pedir cualquier cosa.

8. ¿ _____ (Costar) mucho la comida allí?

9. No, _____ (costar) muy poco.

10. Yo siempre _____ (pedir) pizza.

L. El partido de hoy.   The medical team at your university is playing a soccer game today. Complete the paragraph with the correct form of an appropriate verb from the list, so that you can find out what's going on.

| comenzar | jugar | costar | querer |
| decir | perder | poder | preferir |

El partido (1) _____ en pocos minutos. Los jugadores de la universidad

(2) _____ muy bien. Ellos nunca (3) _____ . A mí no me gusta ver el par-

tido en el estadio. Yo (4) _____ ver el partido por la televisión. Bueno, sí me gusta ir al estadio,

pero mis amigos y yo no (5) _____ comprar entradas para el partido porque

(6) _____ mucho dinero. Yo (7) _____ ir al partido contra la universidad de

Miami, pero mi amiga Susana (8) _____ que no hay entradas disponibles.

Módulo 2

El cáncer

A. Identificación.   Identify the following items on the drawing, and write each term on the appropriate blank.

1. el útero

2. los senos

3. los ovarios

4. la vagina

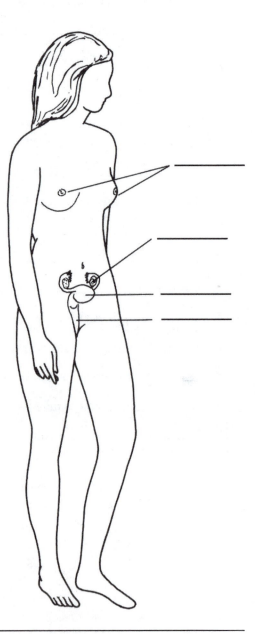

B. ¿Cuál es la palabra?   Complete each one of these statements with an appropriate word chosen from the vocabulary that you have studied.

1. Los _____ producen los óvulos en la mujer.

2. Es imposible _____ una píldora sin tomar un poco de agua.

3. Van a hacer una _____ del bulto y van a examinarla bajo el microscopio.

4. Sandra tiene un _____ negro en la mejilla y está preocupada.

5. En la mujer, un sinónimo de período es la _____ .

C. Algunas preocupaciones. Sr. Salas is a bit concerned about some symptoms he has been experiencing. Read the dialogue he has with his doctor and then indicate if each of the statements that follow is **cierto** (**C**) or **falso** (**F**) according to the information provided.

DOCTOR: ¿Cómo está, Sr. Salas?

SR. SALAS: Estoy muy preocupado, doctor. Tengo que orinar con frecuencia y tengo dificultad para orinar. ¿Cree que es cáncer de próstata?

DOCTOR: Calma, Sr. Salas. Voy a hacer un examen rectal y a palpar la próstata. Usted tiene la próstata un poco grande... ¿Siente dolor cuando orina?

SR. SALAS: Sí, y tengo dificultad para comenzar a orinar. Tengo cáncer, ¿verdad?

DOCTOR: No lo sé. Vamos a hacer unas pruebas. Primero, una prueba de sangre que se llama Antígeno Prostático Específico o APE. Después, una biopsia, si es necesario. Una próstata dilatada no es siempre señal de cáncer.

SR. SALAS: Y si es cáncer, ¿qué tratamientos hay?

DOCTOR: Hay varios tratamientos, depende de cada caso. Podemos hacer una operación para eliminar la próstata, o tratar el problema con hormonoterapia o radiología. Bueno, vamos a ver los resultados de las pruebas.

1. _____ El Sr. Salas tiene que orinar mucho durante el día.

2. _____ Él tiene dificultad para comenzar a orinar.

3. _____ La próstata del Sr. Salas es normal.

4. _____ El Sr. Salas siente dolor cuando orina.

5. _____ La APE es una prueba de sangre.

6. _____ El Sr. Salas cree que tiene cáncer.

Estructuras   *Comparing and contrasting: Los comparativos*

D. Es cuestión de comparar. As you review everything you have seen and studied over the last year, you are trying to establish some comparisons among some of the problems you have encountered. Let's see how many you can come up with!

Modelo: Hospital Central/Clínica Ramos (moderno)
El Hospital Central es más moderno que la Clínica Ramos.

1. la varicela/la pulmonía (contagioso)

_____

2. un ataque al corazón/dolor de cabeza (peligroso)

_____

3. la quimioterapia/los tratamientos de radiología (doloroso)

_____

4. las inyecciones/las píldoras (eficaz)

_____

5. el cáncer/el sarampión (serio)

_____

E. Tanto monta, monta tanto... Let's be honest, you truly hate to make comparisons. After all, isn't it all a matter of perspective? Well, here is your chance to prove it.

Modelo: enfermeros/enfermeras (serio)
Los enfermeros son tan serios como las enfermeras.

1. radioterapia/quimioterapia (eficaz)

_____

2. el Dr. Méndez/el Dr. Soriano (tener pacientes)

_____

3. cáncer de próstata/cáncer del seno (grave)

_____

4. tabletas/inyecciones (costar)

_____

5. Pasteur/Salk (famoso)

_____

6. brazo/pierna (hinchado)

_____

F. Más...que; menos...que; tan...como; tanto como... Then again, there are so many ways to establish comparisons that it is difficult not to succumb to the temptation. See if you can pick the correct comparative form to establish some of these comparisons.

1. Luis pesa 200 libras. Ramón pesa 240. (gordo)

Luis _____

2. La enfermera tiene 22 años. La recepcionista tiene 28. (joven)

La enfermera _____

3. La Dra. Sánchez tiene 140 pacientes. El Dr. Marcos tiene 160.

El Dr. Marcos _____

4. Yo trabajo 40 horas. Tú trabajas 35 horas.

Yo _____

5. Ernesto tiene 101° de temperatura. Ana tiene 103°. (fiebre)

Ernesto _____

6. El niño mide 6 pies. Su madre mide 6 pies. (alto)

La madre _____

El SIDA

G. ¿Qué sabe usted sobre el SIDA?   Help this nurse complete these statements so that she can include them in a new pamphlet about AIDS-related problems. Refer to the text lesson if you need to refresh your memory.

ELISA	infectar	inyectarse
protegerse	fatiga	jeringa

1. Algunas personas contraen el VIH al _____ drogas en las venas.

2. Para inyectarse, las personas usan una _____ .

3. Una jeringa infectada puede _____ a la persona que la usa.

4. Es importante _____ antes de mantener relaciones sexuales.

5. El paciente no tiene energía; siente mucha _____ .

6. La prueba _____ sirve para saber si una persona es seropositiva.

H. La joven y la enfermera.   Read this conversation between a high school student and the school's nurse. Then use the information provided to answer the questions below.

JOVEN: Señora Báez, estoy muy nerviosa. Creo que tengo SIDA.

ENFERMERA: ¿Por qué? ¿Tienes relaciones sexuales?

JOVEN: Sí. Un muchacho y yo nos besamos. Así se transmite el SIDA, ¿no es verdad?

ENFERMERA: Vamos a hablar en serio, Sarita. El SIDA no se transmite por la saliva. Por el semen sí, y por la sangre y los flujos vaginales también. No te vas a infectar por besar a un muchacho.

JOVEN: Bueno, también tengo una amiga que... Ella tiene relaciones sexuales con un muchacho mayor. Él no quiere usar condones y ahora mi amiga está enferma. Tiene una diarrea terrible. Tiene fiebre y siempre está muy cansada. Yo no sé qué hacer... es mi mejor amiga.

ENFERMERA: Tu amiga debe venir a hablar conmigo. Hay una prueba para determinar si está infectada con el virus del SIDA. El muchacho y ella deben hacerse la prueba. Los síntomas pueden ser de otra cosa, como la gripe, pero es importante saber si tienen el virus del SIDA.

JOVEN: Pero el muchacho no tiene síntomas...

ENFERMERA: Una persona puede estar infectada con el VIH y no tener síntomas ni SIDA. Esas personas son portadoras de la enfermedad y pueden transmitir el virus a otras personas.

1. ¿Por qué va la joven a visitar a la enfermera?

_____

2. ¿Cómo se puede transmitir el virus del SIDA?

_____

3. ¿Cuáles son dos síntomas que tiene la amiga de Sarita?

_____

4. ¿Qué deben hacer la amiga y el muchacho?

_____

Estructuras   *Comparing and contrasting: Los superlativos*

I. Comparativos y superlativos.   Now that you have practice establishing comparisons, let's see if you can classify these items according to the model.

Modelo: (enfermedad grave) La gripe   *Es una enfermedad grave.*
                             La hepatitis   *Es una enfermedad más grave.*
                             El cáncer   *Es la enfermedad más grave.*

1. (problema serio)   la gripe   _____

                             la pulmonía   _____

                             el cáncer   _____

2. (enfermedad peligrosa) la varicela   _____

                             la tuberculosis   _____

                             el SIDA   _____

3. (persona obesa)   una persona que pesa 250 libras _____

                             una persona que pesa 300 libras _____

                             una persona que pesa 320 libras _____

4. (problema importante)   un corte en la cabeza   _____

                             una fractura   _____

                             un ataque cardíaco   _____

J. ¡Qué exagerado!   Your boss at the hospital has a tendency to exaggerate. Notice how he changes everything you say....

Modelo: Es un estudiante muy bueno.
            No, hombre, ¡es buenísimo!

1. Es un problema fácil.

_____

2. Los pacientes son muy altos.

_____

3. La situación es muy grave.

_____

4. Algunos medicamentos son peligrosos.

_____

5. El hospital es muy famoso.

_____

A leer

Preparación para la lectura. When you read or hear something in the news about human rights, do you immediately think of something in particular? Do you ever think that the protection of human rights may have something to do with a particular disease? Think about it for a minute. Remember when the media starting reporting AIDS cases many years ago? What did they report? Was the disease presented as something that everyone should be concerned with? Were some stereotypes born during that period? Write down your thoughts before you start reading, and then try to identify the purpose of this official document from México, based on the title and the main ideas presented.

Publicación de la Comisión Nacional de Derechos Humanos de México

Uno de los problemas más graves que se presentan con la epidemia del SIDA es la discriminación social contra las personas afectadas por el virus de esta enfermedad. Para justificar esta discriminación, algunos grupos intentan crear un conflicto entre los derechos de la mayoría de la población no infectada y los derechos de las personas infectadas con el VIH o enfermas de SIDA. Con la excusa de proteger la salud pública, frecuentemente estos grupos violan los derechos humanos de las personas afectadas por el SIDA. Esta discriminación presenta un obstáculo para los servicios de salud, porque las personas afectadas por el virus tienen miedo de la discriminación, y por eso muchas veces no reciben los servicios de salud, asistencia y educación necesarios para prevenir la expansión de la epidemia. Además, al discriminar contra los pacientes que sufren de esta enfermedad, dividimos la sociedad entre personas enfermas y sanas y fomentamos la intolerancia hacia algunos grupos que, por la ignorancia del público, son percibidos como responsables por la enfermedad.

---

1. What organization published the document?

_____

2. What is the "grave problem" cited at the beginning of the piece?

_____

3. What excuse is used to violate the rights of people with HIV or AIDS?

_____

4. How does this discrimination hinder efforts to control the epidemic?

_____

5. What division in society does it foster?

_____

A buscar

So, are you up to date with all the new developments regarding AIDS and HIV? Would you know what to do if your best friend told you that he/she was infected with the virus? Would your relationship with him or her change? How about your behavior? Would you still feel equally comfortable hanging around with this person? Go online and find information in Spanish regarding this disease. Then create a poster with the information you find, including a list of at least ten things that each one of us can do to prevent the spread of this disease.

LECCIÓN 5

¡Emergencia!

Módulo 1

Una llamada al 911

A. ¿Sí o no? A "know-it-all" is trying to give orders at the scene of an accident. Agree (**Sí**) or disagree (**No**) with each order, based on what you have learned about emergencies.

1. _____ Llame al 911.

2. _____ Mueva a la víctima.

3. _____ Cubra a la víctima con una cobija.

4. _____ Levante a la víctima.

5. _____ Busque la identificación de la víctima.

6. _____ Llame a la familia de la víctima.

B. Correspondencias. Let's see if you can match each item on the left with the corresponding item on the right.

1. _____ automóvil   **a.** los paramédicos

2. _____ fluido rojo en las venas   **b.** la hemorragia

3. _____ pérdida de mucha sangre   **c.** la sangre

4. _____ personal médico en la ambulancia   **d.** carro

C. En la calle. Now complete each statement with the appropriate word from the list, to finish this description of an accident that just took place near your house.

roto	operadora	accidente
calle	herida	ambulancia

1. Hay un _____ de tráfico y hay dos víctimas.

2. Llame al 911 y hable con la _____ .

3. Explique que estamos en la _____ 40, cerca de la universidad.

4. Sí, sí hay una fractura, tiene el brazo _____ .

5. Vamos a llevar a una víctima al hospital en la _____ .

6. La otra víctima tiene una _____ en la mano, pero no es nada serio.

D. Una ambulancia especial. As a medical professional, you like to stay on top of any new developments in your field. Read this advertisement for a new aerial ambulance service, then answer the questions that follow based on what you read.

AMBULANCIA AÉREA INTERNACIONAL

Cuando se necesita transportar a un paciente en una ambulancia aérea es importantísimo tomar todas las decisiones correctas.

En Ambulancia Aérea Internacional nos ocupamos de todos los detalles. Ofrecemos un servicio de cama-a-cama, sin preocupaciones, con la mejor calidad y a precios muy competitivos. Somos una de las compañias de ambulancias aéreas más importantes de Latinoamérica.

Nuestro centro de operaciones funciona 24 horas al día todo el año. Cuando usted llama a nuestro centro de operaciones, un coordinador determina todas las necesidades del paciente y empezamos con el traslado (move) inmediatamente. Aceptamos todos los seguros médicos y todas las tarjetas de crédito principales. Llame al 56.323.4879 para obtener más información sobre nuestros servicios.

1. ¿A quiénes transporta este servicio?

   a. a médicos   **b.** a pacientes   **c.** a estudiantes de medicina

2. ¿Cómo son los precios?

   a. altos   **b.** bajos   **c.** competitivos

3. La compañía se ocupa (*takes care*) de todos los

   a. seguros   **b.** detalles   **c.** operaciones

4. ¿Quién determina las necesidades del paciente?

   a. un coordinador   **b.** un enfermero   **c.** un familiar

5. ¿Cuánta horas al día funciona el centro de operaciones?

   a. ocho   **b.** doce   **c.** veinticuatro

Estructuras   *Making requests: Introducción a los mandatos formales*

E. ¡A sus órdenes!   You tend to be a little shy but today, at the scene of an accident, you have no option but to order everyone around. After all, you know what you are doing!

Modelo: (Llamar) _____ al 911.
                  Llame al 911.

1. _____ (hablar) con el operador.

2. _____ (decir) dónde están.

3. _____ (esperar) a la ambulancia.

4. _____ (cubrir) a la víctima con una cobija.

5. _____ (parar) la hemorragia.

6. _____ (estar) tranquilo.

F. Siempre estoy de acuerdo.   You are such an agreeable person that everyone at the hospital wants to work next to you. This is your chance to prove how easygoing you are!

Modelo: ¿Debo pedir una ambulancia?
                  Sí, pida una ambulancia.

1. ¿Debo buscar identificación?   _____

2. ¿Debo llamar a su familia?   _____

3. ¿Debo esperar con la víctima?   _____

4. ¿Debo hablar con los paramédicos?   _____

5. ¿Debo tomar sus signos vitales?   _____

6. ¿Debo seguir con el tratamiento?   _____

G. Predicar con el ejemplo.   Since you are so popular at the hospital, you have decided to make sure that others around you do as you do. You may have to get a little bossy!

Modelo: Yo trabajo.
                  Trabajen ustedes también.

1. Yo hablo con los pacientes.

_____ ustedes con los pacientes también.

2. Escribo las historias clínicas.

_____ ustedes las historias clínicas también.

3. Recuerdo los detalles importantes.

_____ ustedes los detalles importantes también.

4. Busco cobijas cuando los pacientes tienen frío.

_____ ustedes cobijas también.

ambulancia

H. El resto del informe. Remember that accident you saw earlier? Well, the report is still incomplete. See if you can fill out the missing information with the words in the list.

| toalla | camilla | suero |
| paramédicos | dolor | despachar |

1. La operadora va a _____ una ambulancia inmediatamente.

2. Los _____ llegan en la ambulancia.

3. La víctima está llorando porque siente mucho _____ .

4. Ellos ponen a la víctima en una _____ para llevarla a la ambulancia.

5. La víctima está recibiendo _____ por medio de las venas.

6. El paramédico limpia la cara de la víctima con una _____ .

I. En Central Park. Something happened this morning near Central Park. There was a man lying on the ground, seemingly unconscious. See if you can determine what happened. Then use the information you have to complete the statements that follow.

SEÑORA: ¡Mire, señor! Ese hombre está inconsciente. Ayúdeme a levantarlo.

SEÑOR: No mueva al señor. Es peligroso. ¿Tiene un teléfono? Llame al 911. Yo soy paramédico ¡No se preocupe, señora!

SEÑORA: No tengo mi teléfono aquí. Espere, vuelvo enseguida.

SEÑOR: Dígale a la operadora que necesitamos una ambulancia. Ah, aquí está la identificación del señor. Hay que llamar a su familia y preguntar si el señor es diabético o alérgico a algún medicamento. Escuche, señora, háblele a la familia con calma y escuche con atención. No tenga miedo.

SEÑORA: No me diga eso. Estoy muy nerviosa.

SEÑOR: Señora, haga lo que le digo, por favor. Llame al 911 y a la familia de la víctima y regrese enseguida para ayudarme.

1. La víctima está _____ .

2. La señora va a llamar a la familia de la víctima y al _____ .

3. El señor dice que necesitan una _____ .

4. El señor encuentra la _____ de la víctima.

5. La señora debe preguntar si el señor es diabético o _____ a alguna medicina.

6. La señora está muy _____ .

Estructuras   *Los mandatos irregulares/con cambios ortográficos/con pronombres de objeto indirecto*

J. ¿A quién?   There is a new nurse in the hospital and she seems to be a bit confused while trying to administer some medications. Could you give her a hand?

Modelo: ¿A quién le pongo la vacuna? (niño)
   Póngale la vacuna al niño.

1. ¿A quién le doy la aspirina? (enfermeras)

_____

2. ¿A quién le inyecto la insulina? (paciente)

_____

3. ¿A quién le enseño las radiografías? (el radiólogo)

_____

4. ¿A quién le explico el problema? (el paramédico)

_____

5. ¿A quién le preparo el almuerzo? (el cirujano)

_____

K. ¿Qué debo hacer?   Since the new nurse learns slowly, you have decided to write down some formal commands so she'll know exactly what to do when she gets in.

1. _____ (buscar) los medicamentos.

2. No _____ (pagar) mucho por ellos.

3. _____ (comenzar) enseguida a ver a los pacientes.

4. ¡No _____ (ser) antipática con las otras enfermeras!

5. ¡ _____ (estar) tranquila durante su primer día!

6. No me _____ (dar) más problemas.

7. _____ (ir) al consultorio a las ocho en punto.

8. _____ (recordar) la cita de esta noche.

L. ¿Que sí o que no?   After writing down so many commands, you have mixed up some of your own notes. Your poor secretary is trying to make sense out of this mess, but...

Modelo: ¿Le escribo la información del paciente en su Palm?
   Sí, escríbame su información o No, no me escriba su información.

1. ¿Le escribo el número de teléfono?

_____

2. ¿Le lavo la cobija esta noche?

_____

3. ¿Le pago a su asistenta?

_____

4. ¿Les doy pastillas la comida?

_____

5. ¿Les pido a ustedes la comida?

_____

6. ¿Le pongo una inyección al niño?

_____

M. Otro anuncio.   There are many rewarding jobs in the health-care field, but have you ever considered what it would be like to become a paramedic? Read the ad and see if it appeals to you. Then use the information provided to complete the statements that follow.

¿Quiere Ud. un trabajo interesante?

El Municipio de Santa Rosa necesita paramédicos.

- Le ofrecemos la preparación necesaria con clases gratuitas en la universidad.
- Las horas de trabajo son flexibles.
- Ofrecemos seguro médico y unas generosas vacaciones.

Si tiene interés, escríbanos.
Ponga su nombre, dirección y número de téléfono y díganos cuándo puede empezar a trabajar.
¡No lo piense más! ¡Le necesitamos!

Envíe la carta a:
Directora del Programa de paramédicos
Apartado postal N° 38, Municipio de Santa Rosa

¡No pierda esta gran oportunidad!

---

1. El municipio de Santa Rosa busca _____ .

2. El municipio _____ clases en la universidad.

3. También pagan el _____ médico.

4. Ofrecen unas vacaciones _____ .

5. Las horas de trabajo son _____ .

6. Las personas interesadas deben enviar una _____ a la directora del programa.

Módulo 2

En la sala de urgencias

A. ¿A quién?   Decide to whom the order or request is being given: (**a**) el paciente (**b**) el paramédico, or (**c**) el médico

1. No se preocupe, le vamos a curar.   (a)   (b)   (c)

2. Póngalo en la camilla.   (a)   (b)   (c)

3. Respire profundamente, por favor.   (a)   (b)   (c)

4. Debe operar enseguida.   (a)   (b)   (c)

5. Llévelo a la sala de urgencias.   (a)   (b)   (c)

6. Dele más anestesia.   (a)   (b)   (c)

7. Tómele los signos vitales.   (a)   (b)   (c)

B. ¿Cuál es la palabra?   Without looking back at your textbook, can you remember the necessary vocabulary to complete these statements?

cicatriz   sorpresa   urgencias   puntos   plástico

1. Bien, ahora pedimos una ambulancia y lo llevamos al hospital, a la sala de _____ .

2. El corte es profundo. Lo vamos a cerrar con unos _____ .

3. No va tener una _____ en la cara porque le va a atender un especialista.

4. El especialista es un cirujano _____ .

5. Todo sigue normal, no hay ninguna _____ .

C. Un terrible accidente.   All accidents are bad, but those that affect trains or buses tend to be the worst, since so many people can be involved at once. Read the dialogue that takes place at the scene of a railroad wreck, then answer the questions that follow.

POLICÍA: Hay varios heridos. Creo que este señor está grave.

PARAMÉDICO: Ayúdeme a quitarle la camisa. Está sangrando mucho del pecho. Tome la toalla y póngale presión en la herida. Yo voy a ver a otra víctima... ¡No se mueva, señora! ¿Qué le pasa? ¿Qué le duele?

SEÑORA: La espalda. Me duele horrores. Por favor, déme algo para el dolor.

PARAMÉDICO: ¡No se preocupe, señora! Tome estas pastillas para tranquilizarse. Ahora llegan las ambulancias para llevarla al hospital.

POLICÍA: Oiga, el señor está consciente ahora y no parece estar confundido. Tampoco está sangrando mucho. Quiere agua. ¿Puedo darle un poco?

PARAMÉDICO: Sí, pero solamente un poco. Aquí están las ambulancias. ¡Gracias a Dios!

1. El policía le dice al paramédico que hay...

   a. un herido   **b.** dos heridos   **c.** varios heridos

2. El paramédico le dice a la señora que no debe...

   a. moverse   **b.** tomar nada   **c.** preocuparse

3. ¿Qué le duele a la señora?

   a. la pierna   **b.** la cabeza   **c.** la espalda

4. El paramédico le da _____ a la señora para el dolor.

   a. una inyección   **b.** unas pastillas   **c.** dos aspirinas

5. El policía dice que el señor herido ahora...

   a. está confundido   **b.** está sangrando más   **c.** tiene sed

Estructuras   *Expressing negative ideas: Las expresiones afirmativas y negativas*

D. ¡No!   Your assistant is feeling quite negative today. Notice how she keeps giving negative answers to all your questions?

Modelo: ¿Hay alguien en la clínica?
         No, no hay nadie.

1. ¿Tiene alguna medicina?   _____

2. ¿Ve algo en mi ojo izquierdo?   _____

3. ¿Hay alguien en el consultorio?   _____

4. ¿Siempre le pone inyecciones?   _____

5. ¿Busca a alguna víctima?   _____

E. Conrado el contrario.   Conrado, an otherwise nice paramedic, will always do the opposite of what he hears that others do. Can you guess what he'll do in these cases?

Modelo: Siempre trabajo los sábados.
         Pues yo nunca trabajo los sábados.

1. Siempre voy a las reuniones.

_____

2. También me interesa el caso del accidente.

_____

3. Alguien me espera esta tarde en el hospital.

_____

4. Siempre manejo la ambulancia por las mañanas.

_____

5. Alguien quiere trabajar con nosotros.

_____

F. Todo es tan negativo. After being surrounded by so many negative people, you just realized that even your notes seem to come out negative today. See if you can complete the few areas you left blank before.

tampoco	nadie	nada	alguien
nunca	algo	también	

Estamos de vacaciones y no hay (1) _____ en el consultorio. (2) _____ hay nadie allí durante las vacaciones. Normalmente yo (3) _____ voy al consultorio durante las vacaciones, pero hoy es diferente. Necesito (4) _____ . Creo que necesito unas historias médicas y otros documentos (5) _____ . Bueno, ya estoy en el consultorio. Toco a la puerta. Si hay (6) _____ en el consultorio va a contestar. Espero... No hay (7) _____ que hacer. Vuelvo a casa.

Algunos efectos secundarios

G. ¿Qué debo hacer? Based on what you have learned in this chapter, choose the best response to each statement below.

1. Tengo dolor de cabeza.

   a. Tome unas aspirinas.   **b.** Llame al 911.   **c.** Cierre la herida.

2. Estoy muy cansada.

   a. Levántese.   **b.** Lávese.   **c.** Siéntese.

3. El señor tiene una infección.

   a. Dele un antibiótico.   **b.** Póngale suero.   **c.** No lo mueva.

4. Está sangrando mucho.

   a. Abra la herida.   **b.** Pare la hemorragia.   **c.** Pregúntele su nombre.

5. Estoy muy gordo.

   a. Coma más.   **b.** No beba agua.   **c.** Haga ejercicio.

6. No puedo caminar con muletas.

   a. Pues, vuele.   **b.** Use una silla de ruedas.   **c.** Vaya en la ambulancia.

H. Un curso por vídeo.   You are compiling some new materials for the hospital library and checking out some of the available products. Read this ad for an instructional video, then complete the statements that follow based on what you learned.

TRAUMATISMOS POR ACCIDENTES DE TRÁFICO

Una de las responsabilidades del personal de Urgencias de un hospital es conocer las lesiones que se producen en diferentes tipos de accidentes de automóvil. En las escenas reales de accidentes automovilísticos del vídeo vemos cómo cambian las lesiones según el tipo de impacto. También vemos algunos de los traumatismos producidos por accidentes de navegación y de aviación.

Con nuestro vídeo instruccional puede aprender a diferenciar todas estas lesiones. Así estará preparado para cualquier emergencia.

¡Y por sólo $40, no puede dejar pasar esta oferta!

---

1. El tema del vídeo son los _____ por accidente de tráfico.

2. El personal de Urgencias debe conocer las _____ que se producen en diferentes tipos de accidentes.

3. En el vídeo se ven escenas de _____ de automóviles.

4. Diferentes lesiones se producen por diferentes tipos de _____ .

5. El vídeo tiene un precio de _____ dólares.

I. Después del accidente.   Remember the man who was involved in the train accident? Well, he has spent a few hours in the hospital and is now talking to the doctor in charge. Read their dialogue and use the information provided to answer the questions that follow.

DOCTOR: Veo que se siente mejor. ¿Qué tal el pecho? ¿Le duele?

SEÑOR: No, no siento ningún dolor. Pero me siento un poco mareado, doctor. ¿No es nada grave? No tengo ninguna infección en el pecho, ¿verdad?

DOCTOR: No, no tiene nada grave. La herida está limpia y cerrada. Ahora, descanse.

SEÑOR: ¿Me van a operar, doctor? ¿Qué me puede decir?

DOCTOR: Aquí tengo los resultados de las radiografías. No hay nada serio en el pecho, pero la muñeca derecha está fracturada. Voy a ponerle un yeso para inmovilizarla. Si no hay ninguna complicación, puede regresar a casa mañana.

1. ¿Dónde tiene la herida principal el señor?

_____

2. ¿Tiene algo grave el señor?

_____

3. ¿Qué ve el médico en las radiografías?

_____

4. ¿Qué va a poner el médico en la muñeca del señor?

_____

5. ¿Cuándo puede regresar a casa el señor?

_____

Estructuras   _Más sobre las expresiones negativas_

J. ¿Nada, nunca, ninguno?   Surprisingly, you are now starting to realize that sometimes saying something negative can actually be quite positive. Don't believe me? See for yourself!

Modelo: ¿Tienes algún dolor?
No, no tengo ningún dolor.

1. ¿Hay algún herido? _____

2. ¿Le van a sacar algunas radiografías? _____

3. ¿Hay alguna complicación? _____

4. ¿Él te dice algo importante? _____

5. ¿Nos dan alguna información? _____

6. ¿Le ponemos una inyección? _____

7. ¿Siempre le dan penicilina? _____

8. ¿Alguna vez hay complicaciones? _____

K. Siempre hay alguien...   Remember Conrado el contrario? He is back, although today he seems much more positive than before.

Modelo: ¿No hay nadie allí, Conrado?
Sí, hay alguien allí.

1. ¿No le toman ninguna radiografía? _____

2. ¿No viene nadie a ayudar? _____

3. ¿No tenemos ningún antibiótico? _____

4. ¿Usted no toma nada para esa tos? _____

5. ¿No tiene ningunas muletas aquí? _____

6. ¿Usted tampoco trabaja esta noche? _____

7. ¿Ellos nunca le ponen anestesia? _____

A leer

Preparación para la lectura.   The worst emergencies are often not caused by humans, but by the wrath of Mother Nature. Have you ever been in an earthquake? Do you know anyone who has? Would you know what to do if there were an earthquake in your city? Where would you hide? How would you protect yourself and your loved ones? We'll talk more about this later. For now, read this short news item about a horrible earthquake that took place some time ago in San Juan, Argentina, and answer the questions that follow.

EL TERREMOTO DE SAN JUAN

■ El terremoto de San Juan se produjo el día 15 de enero de 1944 a las 20 horas, 50 minutos, con un epicentro a 30 km al norte de la ciudad de San Juan, en las proximidades de La Laja, departamento Albardón.

■ Se estima que su magnitud alcanzó 7,8 grados en la escala de Richter y su intensidad máxima llegó a 9 en la escala modificada de Mercalli.

■ El terremoto destruyó la ciudad de San Juan, ocasionando la muerte de entre 8.000 y 10.000 habitantes. Los efectos desastrosos del seismo se debieron no sólo a la violencia del movimiento, sino a la malísima calidad de las edificaciones en la ciudad de San Juan. El gobierno planea iniciar una investigación inmediatamente.

1. What were the date, month, and year of the earthquake?

_____

2. Locate the epicenter.

_____

3. What are the two scales that are mentioned for measuring earthquakes?

_____

4. How many people lost their lives?

_____

5. Besides the force of the quake, what else contributed to the enormous destruction?

_____

A buscar

Go online and find information in Spanish about any of the earthquakes that have heavily damaged Central and South America during the last century. If you don't know where to start, you can go to the official site for the Red Cross, which includes their affiliated sites all over Latin America. There you will find information about some of the worst natural disasters that occurred in the area, as well as data pertaining to each of them. Select one natural disaster and write a short excerpt of what happened. Then take the information to class and share your findings with your classmates.

LECCIÓN 6

Repaso Lección 1   *Una visita al médico*

Módulo 1

A. Una historia médica.   Match each question in the left column with an appropriate response from the right column.

1. _____ ¿Cuánto pesa usted?	**a.** 23 años
2. _____ ¿Cuánto mide usted?	**b.** 98.6°
3. _____ ¿Cuál es su temperatura?	**c.** 120/75
4. _____ ¿Cuál es su presión arterial?	**d.** 6 pies, 1 pulgada
5. _____ ¿Tiene alguna alergia?	**e.** 114 libras
6. _____ ¿Cuántos años tiene usted?	**f.** Sí, a la penicilina

B. La hora.   Your assistant has written out all your appointments, but you can't really understand her handwriting. Ask her to clarify.

Modelo: ¿A qué hora es la cita de la Sra. Varig? (5:30)
   Es a las cinco y media.

1. ¿A qué hora es la cita de la Srta. Mendieta? (1:20)

_____

2. ¿A qué hora es la cita del Dr. Garco? (12:10)

_____

3. ¿A qué hora es la cita de la familia Pérez? (4:15)

_____

4. ¿A qué hora es la cita del Sr. Martínez? (10:25)

_____

C. ¿Cómo son?   You are a nurse in a pediatric office. The young patient is nervous. Explain to him what the following people or things are like at the office.

Modelo: El pediatra (amable)
   El pediatra es muy amable.

(simpático)   (interesante)

1. El enfermero _____ .   **5.** El caso _____ .

2. La paciente _____ .   **6.** La historia médica _____ .

3. Los médicos _____ .   **7.** Los ejercicios _____ .

4. Las recepcionistas _____ .   **8.** Las revistas _____ .

Módulo 2

D. El formulario.   Everyone at the hospital has been asked to fill out a personal information form to keep on record. Here is yours.

```
Apellido(s)  _____     Nombre _____

Dirección  _____

Ciudad _____  Código postal _____

Teléfono de casa _____  Télefono del trabajo _____

Fecha de nacimiento _____  Edad _____  Sexo ____

Número de Seguro Social ___ - ___ - ___
```

E. Ahora vamos a jugar.   The pediatrician is running late and the children are running all over the office. Desperate, you try to come up with a simple guessing game to keep all these young patients entertained. Let's hope this works!

1. Es una cosa para tomar la temperatura. ¿Qué es? _____

2. Esto es un papel donde escribimos la información personal. ¿Qué es? _____

3. Es la persona que contesta el teléfono en la oficina del pediatra. ¿Quién es? _____

4. Es la parte que viene después del nombre de una persona. ¿Qué son? _____

5. Es otra palabra para la ocupación de una persona. ¿Qué es? _____

Módulo I

A. Mi cuerpo.   In the drawing, identify the part of the body to which each statement below refers, and insert the appropriate number on the line next to that part.

1. Cuando juegas al fútbol usas los pies.

2. Llevo lentes de contacto en los ojos.

3. Tengo un terrible dolor de cabeza.

4. No tiene sensación en los dedos.

5. Tiene problemas con la rodilla.

6. La espalda le duele.

B. Un producto para cada cosa.
Nowadays you can find a product to take care of almost any part of your body. See if you can match each product with its corresponding part.

1. _____ pasta dental Colgate

2. _____ Kleenex

3. _____ productos del Dr. Scholl's

4. _____ Old Spice After Shave

5. _____ Prell o White Rain

6. _____ Jergens Hand Lotion

a. las manos

b. los dientes

c. la cara

d. el pelo

e. los pies

f. la nariz

C. ¿Lo recuerda?   With so many body parts, it's hard to keep track of which ones are feminine and which are masculine... and then there is the plural and the singular....This is your chance to show off your excellent memory by changing the adjective in parentheses to agree with their corresponding noun.

1. Tengo la nariz (congestionado) _____ .

2. También tengo la presión arterial (elevado) _____ .

3. Y el estómago (delicado) _____ .

4. Mis pacientes son (joven) _____ .

5. Pero los niños son muy (débil) _____ .

6. El enfermero Ruiz es (fuerte) _____ .

D. ¿Quién hace esto?   So you do have a great memory, but do you remember who does each one of these things: **el enfermero**, **el médico**, or **la recepcionista**?

Modelo: operar a los pacientes
El médico opera a los pacientes.

1. contestar las llamadas telefónicas _____

2. ayudar a los paramédicos en la ambulancia _____

3. anotar la información de los pacientes _____

4. preparar las medicaciones de los pacientes _____

5. examinar las radiografías _____

E. En el consultorio.   Aside from working at the hospital, you are also a concerned father with a sick child. You're calling the doctor's office trying to schedule a visit. Complete the paragraph with the appropriate form of the verbs in parentheses.

Yo (1) _____ (llamar) por teléfono y la recepcionista (2) _____ (contestar).

Nosotros (3) _____ (necesitar) hacer una cita con la doctora. Nosotros

(4) _____ (esperar) unos minutos. La recepcionista (5) _____ (indicar) que

hoy la doctora (6) _____ (regresar) a las dos y puede ver al niño. Nosotros

(7) _____ (caminar) al consultorio. Yo (8) _____ (entrar) primero. El enfermero (9) _____ (tomar) el pulso y la presión del niño. Después la médica

(10) _____ (examinar) a mi hijo. Cuando ella (11) _____ (terminar), yo

(12) _____ (preguntar): ¿Está bien el niño? Ella dice: Sí, el niño (13) _____

(estar) muy bien.

Módulo 2

F. Los órganos.   Complete each statement with an appropriate organ, according to the context.

1. Usamos _____ para respirar.

    a. los pulmones   **b.** el corazón   **c.** el hígado

2. El médico ausculta _____ con el estetoscopio.

    a. los riñones   **b.** el hígado   **c.** el corazón

3. Pensamos con _____ .

    a. el estómago   **b.** el cerebro   **c.** los riñones

4. Tiene problemas para orinar. Tiene una infección en _____ .

    a. los riñones   **b.** los pulmones   **c.** el estómago

5. La señora no puede tener hijos por un problema de _____ .

    a. hígado   **b.** ovarios   **c.** colon

G. Los sistemas.   Can you match each of these organs with the system they belong to?

(A) sistema nervioso	(B) sistema respiratorio	(C) sistema digestivo
(D) sistema circulatorio	(E) sistema reproductivo	

1. los testículos   A   B   C   D   E

2. los pulmones   A   B   C   D   E

3. los ovarios   A   B   C   D   E

4. el útero   A   B   C   D   E

5. el colon   A   B   C   D   E

6. el estómago   A   B   C   D   E

7. las venas   A   B   C   D   E

8. las arterias   A   B   C   D   E

H. ¿Qué tienes?   Use the cues provided to match each statement with an appropriate expression using **tener** or **estar.**

Modelo: 20° Fahrenheit.   *Tengo frío.*

1. 100° Fahrenheit   _____

2. Quiero dormir.   _____

3. Quiero agua.   _____

4. No tengo mucho tiempo.   _____

5. No me siento bien.   _____

6. No comprendo nada.   _____

7. No, no estoy triste.   _____

8. Quiero comer.   _____

Repaso Lección 3   *Las dolencias*

Módulo 1

A. ¿Cuál es la palabra correcta?   Complete each sentence with an appropriate word from the list.

tranquilizante	farmacia	antibiótico
alivio	golpe	emergencias

1. Creo que tiene una infección. Necesita un _____ .

2. Voy a la _____ a comprar la medicina.

3. Si tomas aspirinas vas a notar un _____ .

4. Está inconsciente a causa de un _____ a la cabeza.

5. Vamos al hospital, a la sala de _____ .

6. Si está muy nervioso, debe tomar un _____ .

B. ¿Cuál es mejor?   Given the following situations, what would be the best remedy?

1. un brazo fracturado

   a. enyesar   **b.** parar la hemorragia

2. un tobillo torcido

   a. hielo   **b.** una quemadura

3. una persona muy nerviosa

   a. un tranquilizante   **b.** una cerveza

4. una infección

   a. insulina   **b.** un antibiótico

5. un accidente de tráfico

   a. los paramédicos   **b.** un episodio de *Cops*

C. Una enfermera curiosa. There is a new nurse working with you who wants to know exactly what everyone is doing in the emergency room. Would you kindly explain it to her?

Modelo: El médico/informes (escribir)
  El médico está escribiendo los informes.

1. El enfermero/radiografías (mirar)

_____

2. La recepcionista/teléfono (hablar)

_____

3. El paramédico/en la ambulancia (estudiar)

_____

4. La pediatra/las aspirinas (buscar)

_____

5. El paciente/en la sala de espera (esperar)

_____

D. La vida en la ciudad. Dra. Muñiz works at a busy city hospital. Complete the paragraph with the correct forms of **ser** or **estar** to find out what she's doing today.

La Dra. Muñiz (1) _____ en la sala de emergencias. El paciente (2) _____ un hombre de 40 años. Él (3) _____ de Nueva York, pero ahora (4) _____ aquí, en Dallas. Los médicos (5) _____ muy preocupados. El paciente (6) _____ diabético. El otro enfermero y yo (7) _____ esperando instrucciones de la doctora. Ella (8) _____ lista para operar. Yo (9) _____ un poco nervioso porque (10) _____ mi primera operación.

Módulo 2

E. A emparejar. Match each word below with its synonym or definition.

1. _____ el estómago	**a.** instrumento para poner inyecciones
2. _____ la protección	**b.** uno de los pechos de la mujer
3. _____ la ayuda	**c.** la indicación, el signo o síntoma
4. _____ la jeringa	**d.** asistir
5. _____ la señal	**e.** la barriga
6. _____ el seno	**f.** la defensa

F. Mañana.   Your new assistant is making plans for tomorrow. Follow the model to find out what he'll do.

Modelo: Estar en el hospital.
Mañana voy a estar en el hospital.

1. comprar las medicinas

_____

2. limpiar el consultorio

_____

3. hacer una cita con el oftalmólogo

_____

4. organizar las vacunas de los niños

_____

5. regresar pronto a casa por la noche

_____

6. preparar un almuerzo saludable

_____

G. ¿Saber o conocer?   Unfortunately, you are not so sure as your assistant about your plans for tomorrow. Complete the paragraph with the correct form of **saber** or **conocer**—maybe that'll clarify your thoughts a little.

Yo no (1) _____ qué voy a hacer mañana. No quiero trabajar. ¿Tú

(2) _____ a Ramón? Yo (3) _____ a su hermano muy bien. Si él puede tra-

bajar mañana voy a estar muy contenta. Ramón (4) _____ tomar radiografías, ¿no? Yo creo

que Ramón (5) _____ a Alicia, porque los dos trabajan en el laboratorio. Ella y yo nos

(6) _____ desde hace mucho tiempo.

Repaso Lección 4   *Las enfermedades graves*

Módulo I

A. La familia.   Indicate the relationship between each person and you according to the model.

Modelo: el padre de su padre   *Es mi abuelo.*

1. la hermana de su madre   _____

2. el hermano de su padre   _____

3. la madre de su madre   _____

4. el hijo de sus tíos   _____

5. la otra hija de sus padres   _____

B. ¿De quién?   Things are so messy in the operating room that nobody knows to whom all these things belong. Can you help them, following the cues?

Modelo: los medicamentos/Arturo
    Son sus medicamentos.

1. la radiografía/Ud.   _____

2. los uniformes/Uds.   _____

3. los pacientes/nosotros   _____

4. los antibióticos/ella   _____

5. las medicinas/nosotros   _____

6. las aspirinas/yo   _____

7. el termómetro/yo   _____

8. el electrocardiograma/él   _____

C. ¿Y usted?   Read about the daily routine of the paramedics at your hospital. Then write in the information according to what you do.

Modelo: Nosotros empezamos el día a las siete.
    Yo empiezo el día a las ocho.

1. Nosotros almorzamos siempre a las doce.

_____

2. Nosotros preferimos comer en la cafetería.

_____

3. Nosotros pedimos días libres (*time off*) los viernes.

_____

4. Nosotros queremos descansar entre las cuatro y las cinco.

_____

5. Nosotros decimos mentiras a los pacientes todos los días.

_____

Módulo 2

D. Más o menos. Sometimes things get so slow at the hospital that you have to do anything you can to keep entertained. Today, you're once again making comparisons....

1. La clínica tiene _____ camas _____ el hospital.

    a. tanto/como   **b.** tan/que   **c.** tantas/como

2. Roberto es _____ alto _____ Antonio.

    a. tanto/como   **b.** tan/que   **c.** más/que

3. Luisa es _____ dedicada _____ Sara.

    a. tanta/como   **b.** menos/que   **c.** tanta/que

4. Ellos tienen _____ medicamentos _____ nosotros.

    a. tan/como   **b.** tantas/como   **c.** tantos/como

E. Estoy aburridísima. The receptionist is as bored as you are. To prove that, she's taking each one of your statements and exaggerating it. Can you guess what she'll say?

Modelo: El hospital es aburrido.
        No, el hospital es aburridísimo.

1.   La clínica es moderna.   _____

2.   Los pacientes están malos.   _____

3.   Los médicos están cansados.   _____

4.   Las enfermeras son guapas.   _____

5.   El paramédico es inteligente.   _____

6.   El policía es antipático.   _____

7.   La sala de espera está sucia.   _____

8.   El teléfono es viejo.   _____

9.   La comida está rica.   _____

10.   La recepcionista es tonta.   _____

Repaso Lección 5   *¡Emergencia!*

Módulo I

A. ¿Qué hago?   Match the beginning of each command in the left column with a logical completion from the right column.

1. _____ Traiga... para llevarlo a la ambulancia.   **a.** el corazón

2. _____ No mueva...   **b.** 911

3. _____ Cubra a la víctima con...   **c.** una camilla

4. _____ No conduzca...   **d.** si está cansado

5. _____ Llame al...   **e.** la inyección

6. _____ Ausculte...   **f.** su identificación

7. _____ Ponga... en el brazo.   **g.** a la víctima

8. _____ Busque... en la camisa.   **h.** una cobija

B. Siga mis consejos.   As a doctor, you have to give commands to your patients on a daily basis. Here are some instructions for a diabetic patient. Can you give the appropriate commands?

Modelo: no tomar azúcar
No tome azúcar.

1. hacer ejercicio con moderación   _____

2. no jugar con la salud   _____

3. volver al hospital todos los meses   _____

4. mantener una dieta equilibrada   _____

5. seguir mis instrucciones   _____

6. vigilar el nivel de azúcar en la sangre   _____

C. ¿Y en caso de emergencia?   Your diabetic patient is very nervous about possible problems and wants you to write down at least five things for him to do in an emergency situation. Can you help him out?

Modelo: mantener la calma y no estar nervioso
Mantenga la calma y no esté nervioso.

1. llamar inmediatamente al 911   _____

2. buscar a algún familiar   _____

3. esperar la ambulancia en casa   _____

4. respirar profundamente   _____

5. controlar el nivel de azúcar   _____

Módulo 2

D. Esas dichosas expresiones... Choose the best option to complete the following statements, according to the context.

1. No tengo _____ trabajo.

    a. nada   **b.** ningún   **c.** ninguna

2. ¿_____ aquí habla español?

    a. alguien   **b.** nada   **c.** algo

3. Yo quiero hacer _____ preguntas.

    a. ninguna   **b.** algunas   **c.** algo

4. No, _____ trabaja hoy.

    a. nadie   **b.** alguien   **c.** ningún

5. Yo tengo _____ para su dolor de cabeza.

    a. nada   **b.** alguien   **c.** algo

E. Necesito ayuda. You are alone at the doctor's office today, organizing some paperwork, when you realize that you don't know where anything is. Desperate, you call up the other assistant to ask if she can help by answering some of your questions.

Modelo: ¿Hay algún formulario en la oficina?
      No, no hay ningún formulario en la oficina.

1. ¿Hay algunas radiografías de la Sra. Salas?

_____

2. ¿Hay algún termómetro aquí?

_____

3. ¿Siempre está usted disponible para contestar mis preguntas?

_____

4. ¿Hay algo importante en el escritorio del doctor?

_____

5. ¿Hay alguien en esta oficina después de las cinco?

_____

LECCIÓN 7

La comida y la nutrición

Módulo I

¿Qué debo comer para estar en forma?

A. ¿Qué clase es?   Check out the list of items below and classify each one according to the letter corresponding to the appropriate group: *carnes* (**C**), *granos* (**G**) o *productos lácteos* (**L**).

1. chuletas de cerdo   C   G   L

2. yogur   C   G   L

3. crema   C   G   L

4. pollo   C   G   L

5. tocino   C   G   L

6. pasta   C   G   L

7. pan   C   G   L

8. helado   C   G   L

B. Estar en forma.   Do you know much about a healthy diet? Let's see if you can complete these recommendations for a new patient at the hospital's diet center.

ejercicio	bajar	dieta	grasa	pescado	verduras

1. Es mejor evitar comer mucha _____ en la comida.

2. Es importante hacer _____ físico todos los días.

3. Las _____ y otros vegetales son muy buenos para la salud.

4. Para _____ de peso es necesario comer menos.

5. Si tiene exceso de peso, el médico puede recomendar una _____ .

6. El _____ contiene mucha proteína y es mejor que la carne.

C. El paciente no está satisfecho. Most people don't like hospital food, and our patient today is no exception. Read the conversation he has with his wife, then use the information you read to complete the statements that follow.

PACIENTE: Me muero de hambre. Aquí no sirven más que verduras y granos. Yo soy un hombre, no un elefante.

ESPOSA: No, pero pareces un elefante y pesas tanto como uno de ellos. Por eso estás aquí. Tu corazón no puede funcionar con tanta grasa. Acabo de hablar con el Dr. Román, y dice que estás a dieta y tienes que bajar más de cincuenta libras. Aquí no se permite comer nada malo para la salud. Un ataque cardíaco es bastante, ¿no crees?

PACIENTE: Pero yo hago ejercicio... ¿qué más se requiere? Se come para vivir, mujer.

ESPOSA: Y en tu caso, se vive para comer. Mira, ahora traigo un yogur descremado de banana. Te va a gustar.

PACIENTE: Prefiero un bistec con papas y mucha mantequilla. Y una cerveza, muy fría. Y para postre, helado, mucho helado con crema.

ESPOSA: Sí, y unas rosas para tu funeral.

1. El paciente parece un elefante porque está muy _____ .

2. El doctor dice que tiene que _____ .

3. El señor sufre del _____ .

4. El señor dice que se come para _____ .

5. La señora trae un _____ para comer.

6. El señor quiere beber una _____ .

D. ¿Dietas saludables? This is your patient's shopping list. Help him classify the foods into those that are "good" for a healthy diet and those that are not so "good."

Alimentos buenos	Alimentos no tan buenos
1. _____	_____
2. _____	_____
3. _____	_____
4. _____	_____
5. _____	_____

pescado
manteca
papas
carne roja
ensalada
pollo frito con piel
helado
frutas
tocino
bistec
yogur
verduras

Estructuras   *Expressing generalizations, expectations, and passive voice: Se impersonal*

E. Los carteles.   Since you know some Spanish, the hospital manager wants you to write out this information for hospital signs, in an appropriate way. Can you help him?

Modelo: comer bien
     En este hospital se come bien.

1. hablar español   _____

2. despachar medicamentos   _____

3. vender suplementos   _____

4. poner vacunas   _____

5. sacar radiografías   _____

6. recibir pacientes   _____

F. ¿Dónde?   So, how well do you know the hospital's neighborhood? Can you think of a place where each of these things is done?

Modelo: vender hamburguesas
     Se venden hamburguesas en McDonald's.

1. vender medicinas   _____

2. sacar radiografías _____

3. estudiar anatomía   _____

4. servir comida   _____

5. dar masajes   _____

6. hacer ejercicio   _____

¿Necesito vitaminas?

G. Las vitaminas y los minerales.   Do you remember what you learned in this lesson about different vitamins and minerals and their curative powers? Let's see if you can match these with their main healing qualities.

1. _____ vitamina C   **a.** para la salud de la próstata

2. _____ selenio   **b.** para las infecciones respiratorias

3. _____ vitamina A   **c.** para resistir los resfriados

4. _____ vitamina E   **d.** para mantener los dientes fuertes

5. _____ calcio   **e.** para reducir el colesterol

H. Correo electrónico. Read the following e-mail from one doctor to another and see if you can understand enough of what is said to determine if each statement that follows is **cierto** (**C**) or **falso** (**F**).

```
                                              _ □ X
............

A:    Cecilia Gámez, MD
DE: Luis Cepeda, MD
REF: Sepúlveda/transplante

Acabo de hablar con Ramón Solís hace unos minutos. Dice
que puede operar esta tarde. Ud. y yo vamos a ayudar en la
operación. Hace dos meses que el Sr. Sepúlveda espera un
riñón para su transplante y acaba de llegar. Llámeme después
de recibir este mensaje, por favor.

Gracias,
Luis Cepeda, MD
```

1. _____ Ramón Solís es el paciente.

2. _____ Ellos van a operar mañana.

3. _____ La operación que van a hacer es un transplante de riñón.

4. _____ Hace un año que el paciente espera el órgano.

5. _____ Cepeda y Gámez son médicos.

Estructuras   *The recent past: Acabar de + infinitivo*

I. No está nada claro.   You know doctors are infamous for their illegible handwriting, and your boss is no exception. Can you try to decipher the few notes he wrote down so that we can find out what has just taken place?

Modelo: Luis/llegar
        Creo que Luis acaba de llegar.

1. los paramédicos/salir del hospital   _____

2. el paciente/llamar al 911   _____

3. los enfermeros/responder a la llamada   _____

4. el seguro médico/pagar la factura   _____

5. Antonio/preparar las vacunas   _____

6. la operadora/arreglar la máquina   _____

J. ¿Cuándo exactamente?   You were very helpful before, but there is more to do. Now we need to know exactly when these things happened.

Modelo: ¿Cuándo llega Andrés? (media hora)
Acaba de llegar hace media hora.

1. ¿Cuándo recibes la radiografía? (diez minutos)

_____

2. ¿Cuándo vuelven los paramédicos? (un momento)

_____

3. ¿Cuándo comen ustedes? (cinco minutos)

_____

4. ¿Cuándo regresa la doctora? (una hora)

_____

5. ¿Cuándo ponen el suero? (un cuarto de hora)

_____

6. ¿Cuándo llaman al 911? (un minuto)

_____

Módulo 2

¡No me gusta hacer ejercicio!

A. ¿Cuál es la palabra?   Complete each sentence with an appropriate word from the list.

calentamiento	aeróbico	entrenador
pesas	gimnasio	caminatas

1. Tres veces a la semana voy al _____ para hacer ejercicio.

2. Me gusta el ejercicio _____ , pero no me gustan los ejercicios de fortalecimiento.

3. Por las tardes prefiero levantar _____ .

4. Tengo un _____ personal que me ayuda con los ejercicios.

5. Antes de comenzar los ejercicios hago una rutina de _____ .

6. Si no quiere ir al gimnasio, puede hacer un programa de _____ . No cuestan nada.

B. Un poco de ejercicio mental.   Is your brain in good shape? If so, you should easily be able to match the items in the left column with the corresponding ones in the right column.

I. _____ ejercicio de fortalecimiento   **a.** bicicleta

2. _____ bailar   **b.** todos los días

3. _____ malestar   **c.** extender

4. _____ músculos   **d.** enfermedad

5. _____ estirar   **e.** tango, salsa, etc.

6. _____ diario   **f.** bíceps, tríceps, etc.

7. _____ ejercicio aeróbico   **g.** levantar pesas

C. Propaganda.   Do you belong to a gym in your hometown? If not, maybe you'd be interested in Gimnasio Buena Forma. See what they offer, then use the information provided to complete the statements that follow.

GIMNASIO BUENA FORMA

Nuestro gimnasio cuenta con instalaciones, personal y servicios de calidad. Nuestras instalaciones son modernas y nuestros profesionales están preparados para ayudarle a practicar deporte y a bajar de peso, si lo desea.

Nuestros servicios incluyen: ejercicios de musculación y cardiovasculares, aeróbic, yoga, ballet, gimnasia infantil, karate, gimnasia para adultos, mantenimiento y preparación específica para varios deportes. ¿Por qué no empieza hoy mismo a cuidar su cuerpo?

Venga a vernos a nuestro centro de la calle Arenas. ¡Le esperamos!

I. El nombre del gimnasio es _____ .

2. Las instalaciones son _____ .

3. El personal profesional está preparado para _____ .

4. Los servicios incluyen dos tipos de gimnasia, infantil y _____ .

5. El gimnasio está ubicado en la calle _____ .

Estructuras   *Expressing likes and dislikes: Gustar*

D. ¿Le gusta o no le gusta?   The cafeteria's chef is trying to find out about your likes and dislikes so that he can cook you something special. Help him determine what you prefer.

Modelo: las verduras
   Me gustan las verduras. o No me gustan las verduras.

I. el helado _____

2. las carnes _____

3. el azúcar _____

4. la grasa _____

5. las frutas _____

6. las dietas _____

E. ¿A quién le gusta qué?   Now you need to tell the physical therapist what each person on the list likes or dislikes. Can you figure it out?

Modelo: Carlos/papas fritas
   A Carlos le gustan las papas fritas.

1. Carmen/el ejercicio aeróbico _____

2. los niños/la gimnasia infantil _____

3. usted/levantar pesas _____

4. nosotros/bailar el tango _____

5. la doctora/hacer yoga _____

6. Rosita/jugar al fútbol _____

Una vida sana

F. ¿Cuál es la palabra adecuada?   Complete each sentence with an appropriate word from the list, so that you can find out more about the health fair at the hospital.

grasa saturada	vigilar	prevención	gratis	derrame cerebral

1. El examen no cuesta nada. Es completamente _____ .

2. Debe _____ su presión si está elevada.

3. La presión arterial alta aumenta el riesgo de un _____ .

4. Es importante eliminar la _____ de su dieta.

5. Los enfermeros dicen que controlar el peso, vigilar la presión y visitar al médico son importantes para
   la _____ de ataques cardíacos.

G. La dieta es importante.   Do you know how to classify foods according to their appropriate groupings? Give it a try; it is actually easier than it seems.

1. _____ frijoles y chícharos   **a.** fruta

2. _____ banana   **b.** granos

3. _____ trigo, centeno y avena   **c.** carne blanca

4. _____ sodio   **d.** grasas

5. _____ pollo   **e.** legumbres

6. _____ aceites   **f.** sal

Estructuras   *Numbers: De cien a millones*

H. ¿Cuántos?   The receptionist has written down the final bills for all patients, but what you really want are the actual numbers.

Modelo: Sra. Gómez/trescientos cuarenta dólares
La factura final de la Sra. Gómez es de 340 dólares.

1. Sr. Martínez/ochocientos noventa dólares

_____

2. Srta. Ubarte/mil ciento cuarenta y dos dólares

_____

3. Sr. Adelso/cuatro mil tres dólares

_____

4. Sra. Roch/ciento veinte dólares

_____

5. Sres. Cuernavaca/mil dos dólares

_____

6. Sr. Palencia/trescientos ochenta dólares

_____

7. Sra. del Valle/dos mil dos dólares

_____

8. Clínica del Puerto/dos millones de dólares

_____

I. Hay que mantener un orden.   You have the list with the order of patients for today's radiology services. Call them out so that the patients know when it will be their turn.

Modelo: Carlos Pérez/2
Carlos Pérez es el segundo paciente.

1. Rosa Bonita/1

_____

2. Mateo Rosi/4

_____

3. Patricia Prisa/3

_____

4. Roberto Luz/5

_____

5. Cecilia Bonilla/6

_____

6. Alberto Puig/7

_____

J. ¿Quién recibe más? The hospital has organized a marathon and you now have the list of money awards for the participants, according to their position at the end of the race. Can you write out the information so that everyone can understand it?

Modelo: Participante 1/10,000 dólares
El primer participante recibe diez mil dólares.

1. Participante 2/7,896 dólares

_____

2. Participante 3/5,764 dólares

_____

3. Participante 4/4,893 dólares

_____

4. Participante 5/3,211 dólares

_____

5. Participante 6/2,115 dólares

_____

6. Participante 7/1,002 dólares

_____

A leer

Preparación para la lectura. Are you a vegetarian? Do you know anyone who is? What do you think are the main benefits of a vegetarian diet? Write down the first three or four things that come to mind. Then think about drawbacks: Do you think you'd be sacrificing proper nutrition if you decided to follow a vegetarian diet? Write down what you think would be the main drawbacks. Now read the article and see if it supports what you thought. Then use your newfound knowledge to answer the questions that follow.

Una dieta vegetariana

Muchas personas deciden seguir una dieta vegetariana de la noche a la mañana. De pronto, deciden no comer más carne, ni pescado ni pollo. Otras piensan mucho antes de hacer este cambio en la dieta. Pasar a una dieta vegetariana puede ser fácil o difícil; todo depende de usted.

A algunos vegetarianos les gusta preparar platos muy complicados; otros prefieren las comidas sencillas y rápidas. Al seguir una dieta vegetariana es importante consumir una gran variedad de alimentos, como frutas, vegetales, cereales integrales, nueces (*nuts*) y legumbres, como frijoles, garbanzos y lentejas. También se deben reducir las grasas y el azúcar.

Con una dieta variada, los vegetarianos pueden asimilar las proteínas necesarias y consumir suficientes calorías para mantener un peso normal.

Los frijoles, las espinacas, el trigo integral y las frutas secas son fuentes excelentes de hierro. Para aumentar la absorción de hierro durante las comidas es bueno incluir alimentos ricos en vitamina C, como jugo de frutas cítricas, tomate o verduras.

1. ¿Qué sabemos sobre la dieta de una persona que es vegetariana?

_____

2. Según el artículo, ¿es fácil o difícil hacerse vegetariano/a?

_____

3. ¿Cuáles son algunos alimentos importantes en una dieta vegetariana?

_____

4. ¿Cuáles son algunas cosas que se deben reducir o eliminar en una dieta vegetariana?

_____

5. ¿En qué tipo de alimentos de una dieta vegetariana se puede encontrar hierro?

_____

A buscar

What is your favorite diet? Does it include tons of meat and potatoes or are you more inclined toward the veggies? Visit *www.foodfit.com* and find at least three good recipes for a vegetarian diet and three recipes for a non-vegetarian one. Then, pick your favorite and share it with your classmates. **¡OJO!** Make sure your recipe is written in Spanish; after all, food is important in all languages, right?

LECCIÓN 8

La maternidad y la pediatría

Módulo I

Estoy embarazada

A. Cosas del embarazo.   Many things change with pregnancy. Here are some of them. Can you complete each statement with an appropriate word from the list?

antojos	bañarse	náuseas
estrechos	prueba de embarazo	período

1. Estoy más gorda y los pantalones me quedan _____ .

2. Ella cree que está embarazada porque hace dos meses que no tiene el _____ .

3. Para saber si está embarazada, la señora hace una _____ .

4. Ella tiene muchos _____ , por ejemplo, quiere comer helado todas las mañanas.

5. Por las mañanas ella siempre tiene _____ , y tiene ganas de vomitar.

6. Al estar embarazada, es más difícil _____ por las mañanas.

B. Un embarazo prematuro.   Sara is a high school student who thinks she may be pregnant. Read her conversation with the school's nurse and use the information you find to answer the questions that follow.

SARA: Señora Torres, estoy embarazada y estoy muy nerviosa.

ENFERMERA: ¿Y cómo lo sabes, Sara?

SARA: Hace dos meses que no tengo la regla. Tengo el estómago más grande y tengo náuseas matutinas. ¿Qué puedo hacer?

ENFERMERA: Bueno, primero debes hacer una cita con el médico para hacer una prueba de embarazo. Si el resultado es positivo, entonces podemos hablar.

SARA:	Y si es positivo, ¿qué va a pasar?
ENFERMERA:	El médico va a hacer un examen general de la pelvis, el abdomen y la vagina.
SARA:	Yo no sé si quiero tener un bebé. Mis padres no saben nada, ni mi novio tampoco.
ENFERMERA:	Sara, esta decisión es importante. Hay varias opciones. Puedes tener el bebé y vivir con el padre, o con tu familia. Puedes tener el bebé y pensar en la adopción, o puedes tener un aborto. ¡Cálmate! Ahora debes ir al médico, hacer la prueba y esperar los resultados.

1. ¿Qué cree Sara?

   a. Que está muy enferma.

   b. Que va a tener un bebé.

   c. Que necesita medicina.

2. ¿Cuánto tiempo hace que Sara no tiene el período?

   a. 2 semanas

   b. 2 meses

   c. 4 meses

3. ¿Qué tiene por las mañanas?

   a. fiebre

   b. hambre

   c. náuseas matutinas

4. ¿Qué recomienda la enfermera?

   a. Ver al novio.

   b. Ver a un médico.

   c. Ver a un consejero.

5. ¿Qué va a examinar el médico?

   a. los órganos respiratorios

   b. el sistema nervioso

   c. la pelvis, el abdomen y la vagina

6. ¿Qué opciones tiene Sara si los resultados son positivos?

   a. no hacer nada

   b. tener el bebé, darlo en adopción o abortar

   c. no estar embarazada

Estructuras   *Describing daily routines: Los verbos reflexivos*

C. Acciones reflexivas. Complete each blank with the appropriate form of the reflexive verb in parentheses to find out more about Jorge's daily routine.

1. Yo (despertarse) _____ todas las mañanas a las seis.

2. Después yo (levantarse) _____ y (bañarse) _____ .

3. Mi hermano (despertarse) _____ más tarde.

4. Él también trabaja en el hospital, pero prefiere (bañarse) _____ por las noches.

5. Él (acostarse) _____ tarde los viernes, porque no trabaja los sábados.

6. Los domingos yo (quedarse) _____ en la cama hasta las nueve.

7. Mi hermano (afeitarse) _____ a las 10 y yo prefiero tener el baño sólo para mí.

D. Compañeras y amigas. Luisa is spending the weekend with her friend Bea, who is three months pregnant. Complete the paragraph with the appropriate form of each verb in parentheses, to find out how things are going for them.

Luisa y Bea son enfermeras. Ellas (1) _____ (llevarse) muy bien. Luisa (2) _____ (cuidarse) mucho y le gusta llevar ropa bonita. Bea está un poco incómoda con su barriga de tres meses, y no quiere (3) _____ (vestirse). Ella (4) _____ (ponerse) cualquier cosa si no tiene que trabajar. Hoy las dos amigas van a ir a una fiesta del hospital y Bea (5) _____ (ponerse) nerviosa porque todos los pantalones le quedan estrechos. Luisa no quiere llegar tarde a la fiesta y dice: ¿Qué haces, Bea?—Estoy (6) _____ (vestirse)—contesta Bea. Pero toda la ropa me queda estrecha. Luisa (7) _____ (sentirse) un poco nerviosa también. ¡Son las ocho y la fiesta es a las ocho y media!

El parto

E. ¿Cuál es la palabra? Even if you have never had a baby, you should be able to match each word on the right with its definition. Right?

I. _____ el momento en que nace el bebé   **a.** neonatologista

2. _____ el médico especialista en partos   **b.** cesárea

3. _____ cirugía cuando no es posible el parto vaginal   **c.** obstetra

4. _____ un tipo de anestesia   **d.** dar a luz

5. _____ el médico especialista en bebés recién nacidos   **e.** epidural

6. _____ tener un hijo   **f.** parto

F. ¡Qué desorganización! Below you have a list of things associated with pregnancy and birth. Number them chronologically, so that the list makes sense.

_____ **a.** La regla desaparece.

_____ **b.** La paciente da a luz.

_____ **c.** El estómago se hace más grande.

_____ **d.** Empiezan las contracciones.

_____ **e.** Se inyecta una epidural.

_____ **f.** Se hace una cesárea.

_____ **g.** Se produce una descarga de agua.

_____ **h.** La cervix se dilata y rompe la bolsa de agua.

Estructuras   *More on reflexive verbs: Los verbos recíprocos*

G. Un cuidado mutuo.   Everyone at the hospital looks after everyone else. To prove it, write out these sentences explaining what people do for each other.

Modelo: Los enfermeros/ayudarse
   Los enfermeros se ayudan.

1. Los médicos/consultarse _____

2. Las recepcionistas/apoyarse _____

3. Los pacientes/calmarse _____

4. Los paramédicos/hablarse _____

5. Los enfermos/comprenderse _____

6. Los padres/acariciarse _____

H. La historia de una vida.   Below you have some cryptic notes about how Marta García and her new husband, Paco, met and ended up being the parents of a beautiful boy. Write out the story, including as many additional details as you want, but try to keep it realistic. Remember to write the story from Marta's point of view and keep it in the present tense.

Modelo: Paco y yo/conocernos/gimnasio
   Paco y yo nos conocemos en el gimnasio un viernes por la tarde.

1. nosotros/enamorarnos/inmediatamente

_____

2. Paco y yo/mirarnos a los ojos/profundamente

_____

3. nosotros/no poder separarse/ni un minuto

_____

4. cinco meses después/Paco y yo/casarse

_____

5. esa noche nosotros/abrazarse con pasión

_____

6. nueve meses después/nosotros/enojarse

_____

7. Paco y yo/ponerse nerviosos/durante el parto

_____

8. finalmente el bebé sale y nosotros/enamorarse otra vez

_____

Módulo 2

El cuidado postnatal

A. Cosas de bebés. Complete each sentence with an appropriate word from the list.

pañal	canción de cuna	biberón	recién nacido	cuna

1. El bebé acaba de nacer, es un _____ .

2. La madre canta una _____ para dormir al bebé.

3. El niño duerme en una _____ .

4. La madre alimenta al bebé con un _____ .

5. El bebé acaba de orinar y el padre le cambia el _____ .

B. Hay tanto que aprender con un bebé. You are talking with a new helper at the hospital and explaining to her some of the things that go on in the maternity room. Complete the statements, using the correct form of the right verb.

1. La madre _____ al bebé porque la leche materna es mejor. **a.** acariciar

2. La madre _____ la espalda del bebé cuando él llora. **b.** llorar

3. Después de tomar el biberón, el niño _____ . **c.** eructar

4. Cuando el bebé no se siente bien, _____ . **d.** cambiar

5. El padre _____ los pañales cuando están sucios. **e.** amamantar

C. La alimentación del bebé.   You have been selected to give a talk to new mothers at the maternity wing in your hospital. Read this information to prepare yourself, then use it to answer the questions that follow.

✚ HOSPITAL CENTRAL

Durante los primeros seis meses de vida, el bebé depende de la leche materna o de la fórmula para satisfacer todas sus necesidades nutricionales. A los 4 o 5 meses de vida, el bebé puede comenzar a ingerir alimentos sólidos. Este proceso de iniciación a los sólidos debe ser muy lento y gradual, como una prueba de sabores. Por esta razón, es importante continuar alimentando al bebé con leche.

Al llegar a un año de edad, el bebé puede beber leche entera, pero hasta ese momento, necesita el hierro y las vitaminas de la leche materna o la fórmula.

Los bebés pueden sufrir de deshidratación; por eso deben tomar muchos fluidos. La leche materna proporciona todos los fluidos necesarios, pero los niños que toman fórmula pueden necesitar pequeñas cantidades de agua, porque la fórmula puede causar sed.

1. ¿De qué depende el recién nacido durante los seis primeros meses?

_____

2. ¿A qué edad puede comenzar el bebé a probar sabores de comidas sólidas?

_____

3. ¿Qué alimento contiene todos los nutrientes que necesita el bebé?

_____

4. ¿Qué problema pueden tener los bebés si no reciben suficientes fluidos?

_____

5. ¿Cómo se puede solucionar ese problema?

_____

Estructuras   *Expressing knowledge or familiarity: Saber y conocer*

D. Especialidades.   Everyone at the hospital seems to be a specialist on something. Complete each statement with the correct form of **saber** to find out what all these people know how to do.

1. Las enfermeras _____ preparar el suero.

2. Tú _____ llenar los formularios de los pacientes.

3. La pediatra _____ amamantar a los bebés.

4. El radiólogo _____ leer las radiografías.

5. El cirujano _____ operar los tumores cerebrales.

6. La comadrona _____ atender a las madres primerizas.

E. ¿A quién conoce? ¿Qué sabe?   You are filling in today for the hospital's receptionist. All the new patients expect you to know everything to take care of their problems. Can you help them out?

Modelo: ¿Conoce usted a... un cirujano plástico? ¿Sabe si es bueno? (Sí, Dr. Mendieta)
 Sí, conozco a un cirujano plástico, el Dr. Mendieta. Él es muy bueno.

1. ¿Conoce usted la cafetería del hospital? ¿Sabe si es buena? (Sí, buenísima)

_____

2. ¿Conoce usted a la otra recepcionista? ¿Sabe dónde está? (Sí, enferma)

_____

3. ¿Sabe usted si hay un buen restaurante cerca del hospital? ¿Conoce el área? (No, no)

_____

4. ¿Conoce usted al pediatra de mi hijo? ¿Sabe quién es el Dr. Azuga? (No, sí)

_____

F. Ya no sé nada.   After answering so many questions, you are so confused that you wrote your daily report and forgot to include the appropriate forms of **saber** and **conocer.** Take a deep breath, relax, and finish what you started.

Hoy estoy trabajando en la recepción del hospital. Yo no (1) _____ nada del trabajo de un recepcionista. Yo (2) _____ a la recepcionista habitual, y (3) _____ que ella está enferma hoy; por eso estoy aquí. Los pacientes hacen muchas preguntas y muchas veces yo no (4) _____ la respuesta. Bueno, yo (5) _____ a muchos médicos en el hospital, así puedo (6) _____ a qué departamento van los pacientes, según (*according to*) el nombre de su médico. La verdad es que ahora que (7) _____ el tipo de trabajo que hacen las recepcionistas, (8) _____ con seguridad que no me gusta nada este trabajo.

Una visita alla la pediatra

G. Más correspondencias. After spending all that training time in the maternity wing, you should be able to match the items in the two columns without difficulty, right?

I. _____ dentición   **a.** incómodo

2. _____ vacuna   **b.** hambre

3. _____ apetito   **c.** lloro

4. _____ variedad   **d.** báscula

5. _____ llanto   **e.** tomar por primera vez

6. _____ molesto   **f.** inmunización

7. _____ peso   **g.** diversidad

8. _____ probar   **h.** llegada de los primeros dientes

H. En la consulta de la pediatra. As you already know, new mothers are always worried about their children. Read this dialogue between a new mother and her pediatrician, then use the information provided to answer the questions that follow.

MADRE:	Aquí estoy, doctora, con mi Pablito. ¿Quiere examinarlo ahora?
PEDIATRA:	Sí, claro, Sra. Vargas. ¿Cómo está él? Y, ¿cómo se siente usted?
MADRE:	Estoy un poco preocupada porque Pablito llora mucho y está molesto.
PEDIATRA:	A ver... ¡Cómo crece este niño! ¿Tiene apetito?
MADRE:	¡Tremendo! Paso todo el día amamantándolo. Y me duele.
PEDIATRA:	¿Le duele? Bueno, a Pablito le están saliendo los dientes de leche. Pablito tiene ahora seis meses, ¿verdad?
MADRE:	Casi siete meses.
PEDIATRA:	Bueno, vamos a probar con un poco de comida sólida. Un puré de bananas, por ejemplo. La banana debe estar blandita (*soft*), ¿eh? Y ahora voy a vacunarlo.
MADRE:	¿Qué hago para aliviar los dolores de la dentición?
PEDIATRA:	Puede comprar un anillo de dentición. Es lo mejor para calmar al bebé.

I. ¿Por qué está preocupada la Sra. Vargas? _____

2. ¿Cómo está el niño? _____

3. ¿Cómo se alimenta el niño? _____

4. ¿Por qué siente dolor la madre al amamantar? _____

5. ¿Qué edad tiene niño? _____

6. ¿Qué problema tiene Pablito? _____

7. ¿Qué recomienda la pediatra? _____

8. ¿Cómo puede aliviar el dolor de la dentición? _____

Estructuras   *Receiving the action of a verb: El objeto directo*

I. Cosas por hacer.   You have a very efficient assistant who wants to help out with all your daily chores. Give him some guidance according to the model.

Modelo: ¿Necesitan los pacientes sus medicinas?
Sí, las necesitan.

1. ¿Va a examinar usted las radiografías? _____

2. ¿Puedo poner los formularios en la mesa? _____

3. ¿Necesitan las inyecciones en la sala de enfermería? _____

4. ¿Sabe usted todas las tareas que tengo que hacer? _____

5. ¿Tengo que buscar a la recepcionista en la cafetería? _____

J. ¿Qué están haciendo?   Your helper is convinced that he is the only one working hard around here. Tell him what everyone else is doing right now, so that he feels better.

Modelo: Miguel/examinar pacientes
Miguel está examinando a los pacientes.

1. la comadrona/cuidar bebés _____

2. los paramédicos/manejar la ambulancia _____

3. las enfermeras/poner inyecciones _____

4. los padres/hablar con el pediatra _____

5. la asistenta/cambiar los pañales _____

6. la recepcionista/hablar por teléfono _____

7. el bebé/jugar con el chupete _____

8. el recién nacido/llorar _____

K. ¡Hágalo!   Your patience is now running short, so you have decided to just give commands to your new assistant. Maybe that way he will be more efficient....

Modelo: ¿Lavo los pañales?
Sí, lávelos ahora mismo.

1. ¿Llamo a los paramédicos? _____

2. ¿Busco la identificación? _____

3. ¿Compro el anillo de dentición? _____

4. ¿Preparo las fórmulas? _____

5. ¿Limpio la clínica? _____

6. ¿Llamo al cirujano a la una? _____

A leer

Preparación para la lectura.   Do you know what midwives do? How knowledgeable do they have to be about their field? Have you ever considered working as one? If not, perhaps reading this information will spark your curiosity. Try to get the gist of the information provided, then answer the questions that follow.

El trabajo de una partera

La partera cuida de la madre y del bebé durante un mes después del parto. Durante este período pueden aparecer complicaciones y la partera debe vigilar para que todo se desarrolle de forma normal.

Como la madre y el bebé son muy vulnerables durante este período (física, emocional y espiritualmente) es mejor visitarlos en su casa, especialmente durante los primeros 10 días.

Debe haber un mínimo de dos consultas durante los primeros 10 días, y hacer más visitas si se identifica algún problema. La primera consulta debe ocurrir durante las primeras 36 horas después del parto. La partera debe observar el ambiente: ¿hay calma?, ¿hay angustia?, ¿hay ayuda para la nueva mamá?, ¿está atendida?, ¿la casa está limpia?

Primero la partera escribe todas las cosas importantes ocurridas desde el parto. Después debe examinar a la madre para saber:
1. ¿Cómo está en general? ¿Puede dormir y descansar? ¿Tiene mareos? ¿Tiene fiebre?
2. ¿Cómo tiene los pechos? ¿Le duelen? ¿Sabe amamantar al bebé correctamente?
4. ¿Tiene dolor? ¿Dónde?
5. ¿Orina con normalidad? ¿Siente dolor al orinar?
6. ¿Come con normalidad? ¿Se siente fuerte en general? ¿Está alegre o deprimida?
Después la partera debe anotar la información pertinente al bebé.

1. ¿A quién cuida la partera normalmente?

_____

2. ¿Dónde deben hacerse las visitas durante los diez primeros días?

_____

2. ¿Cuántas consultas necesita hacer la partera durante los primeros diez días?

_____

4. ¿Qué es lo primero que debe observar la partera al visitar la casa de la paciente?

_____

5. Nombre un mínimo de tres cosas que necesita saber la partera sobre la salud de la madre.

_____

A buscar

If you needed a midwife, would you know where to find one? How would you know if she were qualified to offer you her services? You can start by checking out some hospitals in your local community. Find out if they have any midwives available, what the cost would be, and particularly, find out if they have bilingual midwives to help women who don't speak English. Then bring the information to class and share it with your classmates. Who knows? Maybe one of them will find it handy in the future!

LECCIÓN 9

Problemas de salud

Módulo I

La depresión

A. Correspondencias.   Match each word with its synonym or definition.

_____ **1.** desesperación

_____ **2.** sacerdote

_____ **3.** parientes

_____ **4.** insomnio

_____ **5.** psicólogo

_____ **6.** alcoholismo

a. experto en problemas mentales

b. abuso de bebidas alcohólicas

c. familiares

d. no poder dormir

e. persona dedicada a la religión

f. falta de esperanza

B. Tantos problemas.   There are so many mental problems to treat today! The nurse is giving you the rundown of the people in the waiting room. Can you complete the sentences?

adolescente	concentrarse	averiguar	borracho	deprimida

1. La señora Gómez está cansada y confundida, no puede _____ .

2. Su esposo bebe mucho, siempre está _____ .

3. El hijo de los Sres. Gómez tiene 14 años. Es un _____ .

4. Ella no sabe qué hacer. No tiene energía, llora mucho y está muy _____ .

5. Usted necesita _____ la causa de su depresión.

C. ¿Estoy deprimido?   Indicate whether each condition is a symptom of depression or not.

1. Siempre estoy contento.	Sí	No
2. Pienso mucho en la muerte.	Sí	No
3. Tengo mucha energía y ambición.	Sí	No
4. Pienso mucho en suicidarme.	Sí	No
5. Me gusta todo, el trabajo, los deportes, todo.	Sí	No
6. Duermo muy bien y me levanto descansado.	Sí	No
7. No tengo apetito. Peso mucho menos ahora.	Sí	No
8. Tengo mucha dificultad para concentrarme.	Sí	No

D. Entre amigos.   Read this conversation between Rita and Alejandro, two best friends, as they discuss some changes in Alejandro's behavior. Then use the information provided to answer the questions that follow.

RITA: ¿Qué te pasa, Alejandro? Te veo muy triste. Dime qué te pasa, por favor.

ALEJANDRO: No sé, Rita. No tengo ganas de hacer nada, ni levantarme por la mañana. No tengo apetito. Sólo quiero beber cerveza y dormir.

RITA: ¿Tienes algún problema?

ALEJANDRO: Todo me molesta. El trabajo, la familia... No puedo pensar, no puedo concentrarme... Muchos días no quiero vivir...

RITA: Escúchame bien, Alejandro. Quiero que vayas al médico. Estás muy deprimido, y la depresión es algo serio. Quiero que me prometas que vas a buscar ayuda profesional. Si quieres, yo puedo ir contigo, pero tú no puedes seguir así.

1. Alejandro parece estar...

   a. contento   **b.** enfermo   **c.** triste

2. A Alejandro le gusta...

   a. trabajar   **b.** beber   **c.** comer

3. Rita quiere que Alejandro...

   a. vea a un médico   **b.** descanse más   **c.** no trabaje tanto

4. Rita cree que Alejandro sufre de...

   a. alcoholismo   **b.** depresión   **c.** diabetes

Estructuras   *Giving advice and suggestions: Introducción breve al subjuntivo*

E. ¿Qué quiere?   You are working with a new doctor, and the nurse has left you some notes regarding what the doctor would like you to do today. Can you get it done?

Modelo: preparar las jeringas
    Ella quiere que yo prepare las jeringas.

1. limpiar la sala de espera   _____ .

2. organizar los formularios   _____ .

3. llamar a los pacientes   _____ .

4. preparar las vacunas   _____ .

5. copiar la tarjeta del seguro   _____ .

6. almorzar con ella   _____ .

F. El intermediario.   You are working in an emergency room on the phones, transmitting orders from the doctors to the EMT working on a critical patient. Tell him what the doctor suggests.

Modelo: sugerir/quedarse con el paciente
      El médico sugiere que se quede con el paciente.

1. querer/preguntarle al paciente su nombre

_____

2. necesitar/tomarle el pulso al paciente

_____

3. sugerir/medir la presión arterial del paciente

_____

4. ordenar/inmovilizar al paciente

_____

5. preferir/buscar a los otros paramédicos

_____

6. querer/mantener calmado al paciente

_____

G. Yo, no, usted.   You are going out with the paramedics for the first time today and don't want to step on anyone's toes, so you keep asking the other guy if he wants to do each task or would he rather have you do it. Guess what?

Modelo: ¿Quiere trabajar usted hoy por la mañana?
      No, prefiero que trabaje usted hoy por la mañana.

1. ¿Quiere llamar usted al hospital desde la ambulancia?

_____

2. ¿Quiere escribir usted los informes sobre el accidente?

_____

3. ¿Quiere dar usted los primeros auxilios a los heridos?

_____

4. ¿Quiere preparar usted el suero para esta señora herida?

_____

5. ¿Quiere ir usted a la iglesia a buscar un sacerdote?

_____

El alcohol

H. Un amigo con problemas. Complete these statements from Laura and Julia's conversation about one of their friends who seems to be having problems.

autoayuda	oler	aliento
intervención	borracho	negación

1. Siempre que veo a Juan puedo _____ el perfume a alcohol.

2. Cada vez que abre la boca, noto alcohol en su _____ .

3. Juan bebe mucho alcohol, siempre está _____ .

4. Es alcohólico, pero no lo admite; está en un estado de _____ .

5. Tenemos que hacer algo. Creo que debemos organizar una _____ .

6. Sí, y después debe entrar en un programa de _____ como el de 12 Pasos de AA.

I. ¿Qué debo o no debo hacer? Your friend needs some help distinguishing between good and bad behavior. See if you can offer some help.

Modelo: desesperarse

No quiero que . . . desesperarse　　　*¡No quiero que te desesperes!*

1. emborracharse　　　_____

2. admitir el problema　　　_____

3. deprimirse　　　_____

4. suicidarse　　　_____

5. buscar ayuda　　　_____

6. averiguar las causas del problema　　　_____

J. Un par de amigos. Silvia and Manuel are doctors at the hospital, and they are concerned about one of their friends, Arturo. Read their dialogue and use the information provided to answer the questions that follow.

SILVIA: Arturo me tiene preocupada. ¿Ves algún cambio en su comportamiento?

MANUEL: Sí, ya no es el Arturo de antes. Siempre está nervioso y tiene un aliento terrible. Siempre huele a alcohol. Sé que necesita ayuda, pero no sé cómo ayudarlo. Espero que no siga así.

SILVIA: ¿Quieres que yo hable con él? ¿O sugieres que hable con un especialista?

MANUEL: Creo que es mejor que los dos hablemos con él. Somos sus mejores amigos.

SILVIA:	¿Crees que Arturo puede seguir trabajando en estas condiciones?
MANUEL:	Pues, Arturo insiste en operar aunque no está en condiciones para hacerlo. Yo le pido que descanse, pero... No es sólo el alcohol, creo que también toma drogas.
SILVIA:	Tenemos que hacer algo. Esto puede terminar en una tragedia. Él tiene que reconocer que existe un problema serio. Y no podemos permitir que opere cuando está borracho o drogado. Arturo es un excelente cirujano pero... Si exigimos que busque ayuda y él no quiere, ¿qué hacemos?
MANUEL:	Entonces vamos a tener que informar a la directora.
SILVIA:	¡Qué lástima!

1. ¿Quién es Arturo?

   a. un paciente

   b. un enfermero

   c. un médico

2. ¿Qué le preocupa a Silvia?

   a. el comportamiento de Arturo

   b. la salud de Manuel

   c. la condición de un paciente

3. ¿Qué nota Manuel? Nota que...

   a. Arturo está siempre nervioso

   b. Arturo trabaja demasiado

   c. Arturo parece estar deprimido

4. ¿Qué dice Manuel del aliento de su amigo? Dice que...

   a. parece normal

   b. huele a alcohol

   c. indica una infección

5. ¿Qué cree Manuel? Cree que...

   a. su amigo va a morir

   b. su amigo está mejor

   c. su amigo necesita ayuda

Estructuras   *More on the subjunctive: Más sobre el subjuntivo*

K. El psicólogo.   You are a psychologist working with a patient. Tell if you want the patient to do the following things or if you will do them.

Modelo: admitir el problema
Yo quiero que él admita el problema.

vigilar su progreso
Yo quiero vigilar su progreso.

1. seguir el tratamiento   _____

2. controlar su medicación   _____

3. dormir ocho horas   _____

4. salir con sus amigos   _____

5. beber menos alcohol   _____

6. examinar las pruebas   _____

7. visitar la casa del paciente   _____

8. buscar un grupo de ayuda   _____

L. Pues, yo no quiero.   As you know, some patients are more agreeable than others. This particular one seems to be opposed to doing anything the doctor suggests.

Modelo: El doctor insiste en que usted descanse.
Yo no quiero descansar. ¡Que descanse él!

1. El doctor exige que usted tome la medicación.

_____

2. El doctor recomienda que usted coma bien.

_____

3. El doctor prefiere que usted se calme.

_____

4. El doctor espera que usted participe en la terapia.

_____

5. El doctor aconseja que sea más simpático.

_____

M. Recomendaciones. You are a school nurse writing a report of the advice you are giving to a young student caught drinking. Write a list of two recommendations, two hopes, and two suggestions that you are giving him.

Modelo: *Te recomiendo que no bebas alcohol.*
Espero que entiendas la seriedad del problema.
Te sugiero que hables con tus padres sobre la situación.

Recomendaciones

_____

_____

_____

Esperanzas

_____

_____

_____

Sugerencias

_____

_____

_____

Módulo 2

Las drogas

A. Un poco de vocabulario útil. Match the related words or expressions from both columns.

1. _____ la persona que depende de las drogas	**a.** la sobredosis
2. _____ responsabilidad por algo negativo	**b.** el adicto
3. _____ cosa que se llena de tabaco o marihuana para fumar	**c.** la culpa
4. _____ regla o norma legal	**d.** aspirar
5. _____ cantidad excesiva de una droga	**e.** la pipa
6. _____ tomar una droga por la nariz	**f.** la ley

B. ¿Sabe usted algo sobre drogas? Now that you are helping out at the local AA office, you must be informed. Complete each statement below with the appropriate verb.

aspirar	tragar	inyectar	fumar	ingerir

1. Se puede _____ la heroína en una vena.

2. Es muy común _____ la marihuana en pipa.

3. Muchos adictos prefieren _____ la cocaína por la nariz.

4. La gente prefiere _____ las anfetaminas con un poco de agua.

5. La marihuana también se puede _____ en comida, como en *brownies.*

C. AL-ANON. To be up to date with all new information, read the following advertisement for a group of AL-ANON. Then answer the questions that follow, based on the information you read.

> ## "CONÓCETE A TI MISMO" Grupo AL-ANON
>
> *¿Está preocupado por un ser querido que bebe mucho? El grupo CONÓCETE A TI MISMO de AL-ANON es un grupo de ayuda para hijos de alcohólicos. Nuestras puertas están abiertas a los familiares de alcohólicos. Practicamos los 12 pasos y las tradiciones de AL-ANON.*
>
> ## "NO A LA ADICCIÓN"
> En esta comunidad compartimos nuestra experiencia, datos, información, estadísticas y testimonios sobre todo tipo de adicciones y drogas. Venga a nuestras reuniones los martes por la tarde, para aprender más sobre estos temas.
>
> ### ALCÓHOLICOS Y ADICTOS
> Este grupo ofrece un lugar para hablar de sus experiencias con el alcoholismo y otras adicciones. Intentamos ayudar a muchas personas que sufren de esas enfermedades, dando sugerencias para afrontar el alcoholismo y la adicción.

1. ¿Cuál es el objetivo del primer grupo?

_____

2. ¿Qué tipo de personas pueden asistir a las reuniones del tercer grupo?

_____

3. ¿En cuál de los grupos se practican los 12 Pasos?

_____

4. ¿Cuáles son tres cosas que ofrece el grupo "NO A LA ADICCIÓN"?

_____

5. ¿En qué grupo se puede hablar sobre las experiencias con el alcohol y las drogas?

_____

Estructuras impersonales   *Giving recommendations: El subjuntivo con expresiones*

D. Consejos de AA.   Use the cues below to create a list of things one may hear when attending AA meetings such as those mentioned in the previous reading.

Modelo: importante/asistir a las reuniones

Es importante que asista a las reuniones.

1. necesario/admitir el problema   _____

2. normal/sentirse deprimido   _____

3. lógico/tener miedo   _____

4. triste/sentirse solo   _____

5. una lástima/comprar cerveza   _____

E. No quiero...   You have a new client at the AA office and you are trying to help him by explaining to him the reasons he feels this way now. Good luck!

Modelo: No voy a ir a la reunión (urgente)
Toni, es urgente que vayas a la reunión.

1. No voy a volver a este lugar. (necesario)

_____

2. No puedo dormir si no tomo alcohol. (lógico)

_____

3. Me siento muy deprimido. (normal)

_____

4. Sólo pienso en suicidarme. (común)

_____

5. Creo que quiero seguir tomando drogas. (preferible)

_____

6. Es peor dejar la adicción; me siento mal. (mejor)

_____

¡No fume!

F. ¿Es usted fumador?   After the past few years, these terms should be familiar to you, whether you are a smoker or a nonsmoker. Don't you agree?

pulmón	dejar	enfisema	encender
parche	adictiva	abandonar	nocivo

1. La nicotina, como otras drogas, es muy _____ .

2. Muchas personas quieren _____ de fumar, pero no pueden.

3. Antes de _____ un cigarrillo, se debe pensar en las consecuencias.

4. El _____ puede ser una consecuencia de fumar mucho.

5. Pero una enfermedad más grave es el cáncer del _____ .

6. Nadie duda que el humo del cigarrillo sea _____ .

7. Si conoce los efectos del tabaco, debe _____ el hábito enseguida.

8. Una de las nuevas ayudas para cesar de fumar es el _____ .

G. ¿Tienen derechos los fumadores?   Read the following conversation between a smoker and nonsmoker, who are having lunch at a restaurant. Use the information provided to answer the questions that follow.

FERNANDO: ¿Sabes, Rosa? Aquí van a prohibir el tabaco la semana que viene. Me parece una excelente idea.

ROSA: A mí me parece una idea terrible. Los fumadores también tenemos derechos. Hace diez años que como en este restaurante y me fumo un cigarrillo después de comer. Y ahora, porque dos o tres fanáticos se molestan, tengo que cambiar de restaurante. ¡Es una injusticia!

FERNANDO: Pero es la ley, mujer. Y la ley está tratando de protegerte a ti y a las personas que tienen que inhalar tu humo. El humo de tu cigarrillo te afecta a ti y a las personas de alrededor, en tu casa, en el trabajo y aquí en el restaurante. Tú tienes un hermanito de cuatro años, ¿verdad?

ROSA: ¿Marcelino? Tiene cinco años. ¿Por qué?

FERNANDO: Debes pensar en el efecto del tabaco en el niño. Estás poniendo su salud en peligro. Los niños que viven con fumadores sufren más enfermedades como bronquitis, resfriados y pulmonía. Y Marcelino va a aprender a fumar también. ¡Qué mal modelo eres, Rosa!

ROSA: No estoy de acuerdo contigo, y no hay datos para confirmar lo que dices, pero... me alegro de que te preocupes por mí. La verdad es que estoy tan harta de escuchar tus consejos que voy a dejar de fumar. Y, ¿sabes por qué? Porque no quiero oírte más.

FERNANDO: Bueno, es importante que dejes de fumar, sea cual sea la razón.

1. ¿Por qué está contento Fernando?

_____

2. ¿Qué piensa Rosa sobre la decisión del restaurante?

_____

3. ¿Qué problemas relacionados con el tabaco menciona Fernando?

_____

4. ¿Cómo afecta el tabaco al hermanito de Rosa?

_____

5. ¿Qué decisión toma Rosa al final?

_____

6. ¿Cuál es la razón de su decisión?

_____

Estructuras   _Expressing emotion and doubt: El subjuntivo con expresiones de emoción y duda_

H. Y usted, ¿qué opina?   One of the hospital interns wants to know your opinion about the condition of different patients. Complete the blanks with the correct form of the verb in the indicative or the subjunctive, according to your prognosis.

I. No creo que este paciente _____ (estar) mejor mañana.

2. Creo que esta señora _____ (necesitar) más descanso.

3. Siento que el niño no _____ (poder) regresar a casa pronto.

4. Estoy seguro de que _____ (poder) volver la semana que viene.

5. Es cierto que el Sr. Salas _____ (ser) un hombre fuerte.

6. Pero es posible que _____ (enfermarse) otra vez si no se cuida.

I. Emociones.   Your new helper seems to be a very expressive person. Every time you say something, he tells you how he feels about it. Don't believe me?

Modelo: Los pacientes están mejor. (alegrarse)
      **Me alegro de que los pacientes estén mejor.**

I. El médico va a operarlos hoy. (dudar)   _____

2. Mañana no vamos a trabajar. (es imposible)   _____

3. Este es un hospital muy bueno. (es verdad)   _____

4. Hoy no me siento bien. (sentir)   _____

5. No fumo. (encantar)   _____

6. El pediatra va a dejar de fumar. (es dudoso)   _____

7. El cirujano bebe mucho. (no creer)   _____

8. El paciente está peor. (sorprender)   _____

A leer

Preparación para la lectura. By now, you have probably heard much more than you wanted to about tobacco and the dangers it presents. But are you really aware of the dangers that second-hand smoke presents to nonsmokers? This is your chance to get the latest news on the topic. When you finish, use the information provided to answer the questions that follow. Ah, and you may want to share what you learned with some of your smoker friends....

¿Es peligroso el humo de segunda mano?

El humo de segunda mano, es decir, el que exhala el fumador o emite la colilla (*butt*) de un cigarrillo o un puro, causa cerca de 3.000 muertes por cáncer de pulmón al año entre personas que no son fumadoras. Este hábito involuntario de fumar, o de ser un fumador pasivo, puede provocar enfermedades del corazón. Aquí se enumeran los síntomas más comunes asociados con la exposición al humo de segunda mano.

- Irritación de los ojos, la nariz y la garganta
- Tos
- Flema excesiva (mucosidad en las vías respiratorias)
- Dolor o molestias en el pecho

Los niños y bebés que están expuestos al humo del tabaco son más propensos a tener infecciones de oído y asma, y tienen un mayor riesgo de sufrir el síndrome de muerte súbita (SIDS) que los demás niños.

Los síntomas del fumador pasivo pueden parecerse a los de otros problemas médicos. Por esa razón, consulte a su médico para que haga un diagnóstico basado en su salud.

1. ¿Cuál es propósito principal del artículo?

_____

2. ¿Cuántos no fumadores mueren cada año por culpa del tabaco?

_____

3. ¿Cuáles son algunos de los síntomas que se mencionan?

_____

4. ¿Qué nos dice el artículo sobre los niños y el humo de segunda mano?

_____

A buscar

Do you have any friends who smoke? If so, maybe it is time that you do something to help them quit that nasty and very expensive habit. Go online and find at least ten tips that can help your friends kick the habit once and for all. Then compile them in a poster—in Spanish, of course—and give one copy to each one of your smoking friends. Who knows? Maybe all they needed was to hear the advice in the right language!

En el hospital

Módulo I

Pruebas diagnósticas

A. ¿Cuál es la palabra?   Can you match each word with its definition?

1. _____ ictericia

2. _____ cardiólogo

3. _____ quirófano

4. _____ bata

5. _____ radiólogo

6. _____ resonancia magnética

7. _____ sonido

a. sensación en el oído por medio de vibraciones

b. color amarillo de la piel

c. sala de operaciones

d. especialista en enfermedades del corazón

e. ropa que llevan los pacientes en el hospital

f. especialista en radiografías

g. tipo de prueba con ondas radioeléctricas

B. Más práctica.   There are some specific instructions and questions related to an MRI. These are some of them. Can you complete them?

llave	borrar	prótesis
ayer	bolsillo	bata

1. Primero debe quitarse la ropa y ponerse una _____ antes del examen.

2. ¿Tiene usted algún objeto de metal en el _____ ?

3. Sí, tengo la _____ de mi casa. Ahora la saco.

4. ¿Lleva usted alguna _____ auditiva? Si la lleve, quítesela.

5. Las ondas magnéticas pueden _____ los códigos de las tarjetas de crédito.

6. ¿Siente dolor desde _____ o desde esta mañana?

C. En el laboratorio. A couple of radiologists are talking about some of the results they are examining. Read their dialogue and use the information to determine if each statement that follows is **cierto** (**C**) or **falso** (**F**).

ADELA: ¿Terminaste de examinar las imágenes? ¿Qué te parecen?

EUGENIO: Hay algunos problemas. Nadie le habló al paciente del problema con los objetos de metal. Me dañaron las imágenes. El paciente entró a la máquina con llaves o algo en el bolsillo y no estoy seguro de los resultados.

ADELA: Yo lo examiné anteayer. Creo que tiene piedras renales. Por eso pedí las pruebas. ¿Qué vamos a hacer? Otra prueba, ¿verdad?

EUGENIO: Sí. Lo siento, pero no hay otra solución. Y esta vez debe ponerse una bata y nada más. No sé cómo entró a la máquina llevando metal en el bolsillo.

1. _____ Adela examinó los resultados ayer.

2. _____ Eugenio está seguro de los resultados.

3. _____ Unas llaves causaron el problema.

4. _____ Adela examinó al paciente ayer.

5. _____ Ella cree que el paciente sufre del corazón.

6. _____ El paciente va a pasar la prueba otra vez.

Estructuras   *Discussing past activities: Introducción al pretérito*

D. ¿Cuándo? You are the office manager for a busy clinic. Here is a list of activities that need to be accomplished by the staff. Tell who did each activity and when it was completed: **ayer, anteayer,** or **esta mañana.** Today is the fifteenth of May.

Actividad	Persona	Fecha
1. revisar las radiografías	Dr. Munal	el 13 de mayo
2. hacer la cirugía laparoscópica	Dr. Sutti	el 14 de mayo
3. insertar el marcapasos	Dr. Moneta	el 15 de mayo
4. escribir los informes	Lola	el 14 de mayo
5. preparar los implantes	Dr. Adelai	el 13 de mayo
6. examinar el aneurisma	Dr. Pott	el 15 de mayo

Modelo:

Actividad	Persona	Fecha
escribir cartas	Dra. Muñoz	13 de mayo

La Dra. Muñoz escribió las cartas anteayer.

1. _____

2. _____

3. _____

4. _____

5. _____

6. _____

E. ¿Cuánto tiempo hace?   It's time for the annual medical review, and you need to know how long ago different medical students took these classes. Use the cues provided.

Modelo: Juan/anatomía/un año

Juan tomó la clase de anatomía hace un año.

1. Lola/resonancia magnética/dos meses

_____

2. Alberto/primeros auxilios/seis meses

_____

3. Andrés/técnicas de cirugía/tres días

_____

4. Bea/imagenología/una semana

_____

5. Francisco/radiología/cuatro meses

_____

6. Arturo/patologías/medio año

_____

F. Los paramédicos.   Read the following paragraph and complete it with the appropriate preterite form of each verb, to find out about the paramedics' day yesterday.

Ayer a las seis de la mañana alguien (1) _____ (llamar) al 911. La operadora (2) _____ (despachar) una ambulancia enseguida. Los paramédicos (3) _____ (subir) al vehículo y en poco tiempo (4) _____ (llegar) al lugar donde (5) _____ (ocurrir) el accidente. Yo (6) _____ (oír) el ruido del accidente y (7) _____ (correr) hacia allí también. Yo (8) _____ (ayudar) a los paramédicos. Después, nosotros (9) _____ (escuchar) la sirena de la policía. Cuando la policía (10) _____ (llegar) los paramédicos (11) _____ (decir): ¡Gracias! y yo (12) _____ (salir) para el hospital.

Una cirugía

G. Algo más de vocabulario.   Match the related words or expressions from both columns.

1. _____ extirpar

2. _____ diagnosticar

3. _____ incisión

4. _____ cirujano

5. _____ infectado

6. _____ anestesista

a. persona que opera a los pacientes

b. quitar, eliminar

c. corte o abertura en la piel

d. identificar una enfermedad por sus síntomas

e. persona que administra la anestesia

f. que tiene una infección

H. En el quirófano.   Complete each statement with an appropriate word from the list, to find out what the surgeon has been doing all morning.

artroscópica	quirúrgica	reconocimiento
lastimadura	rehabilitación	ligamentos

1. Primero el cirujano ortopédico hace un _____ para determinar el problema.

2. El paciente sufre de una _____ en la rodilla.

3. Hay varios tendones y _____ dañados.

4. Va a ser necesario hacer una intervención _____ .

5. El cirujano recomienda hacer una cirugía _____ .

6. Con este tipo de cirugía, el período de _____ es más corto.

I. El famoso futbolista.   Read the following news item to find out what happened to Pepín Lara, the famous soccer player. Use the information to answer the questions that follow.

■ Pepín Lara Hospitalizado

Ayer, después del partido de fútbol entre San Roque y Villafranca, los paramédicos llevaron a Pepín Lara, jugador principal del equipo de San Roque, al Sanatorio Robles. Lara sufrió una lastimadura en la rodilla. Como no pudo caminar, los paramédicos lo pusieron en una camilla y la ambulancia lo llevó al sanatorio. Don Gaspar, el cirujano ortopédico, fue enseguida al sanatorio para hacer un reconocimiento. Después de unas pruebas y una artroscopia don Gaspar habló con los reporteros y dijo:

" El Sr. Lara sufrió daños en varios ligamentos y tendones de la pierna izquierda. Durante la operación, vimos partículas de hueso en la rodilla. Limpiamos la rodilla y cerramos la incisión, que es muy pequeña. El Sr. Lara recibió anestesia local y estuvo consciente durante toda la operación. Esperamos una recuperación total."

1. ¿Cuál es el equipo de Pepín Lara?

    a. Villafranca   **b.** Robles   **c.** San Roque

2. ¿En que parte del cuerpo se hizo daño?

    a. el brazo   **b.** la pierna   **c.** el pie

3. ¿Cómo lo llevaron a la ambulancia?

    a. en una camilla   **b.** en una silla de ruedas   **c.** con muletas

4. ¿Quién es don Gaspar?

    a. un médico   **b.** un jugador de fútbol   **c.** un paramédico

5. ¿Dónde hizo el cirujano el examen?

    a. en el campo de fútbol   **b.** en San Roque   **c.** en el sanatorio

Estructuras   *More on the preterite: Verbos irregulares*

J. ¿Qué hicieron?   Here are the paramedics' notes from yesterday's emergency with the soccer player. You need to write them out properly so that the report can be filed.

Modelo: recibir/la llamada por la tarde

    Ellos recibieron la llamada ayer por la tarde.

1. las enfermeras/ir/en la ambulancia hasta el estadio

_____

2. los paramédicos/preparar/el suero de camino al estadio

_____

3. los ayudantes del estadio/querer/ayudar con la camilla

_____

4. los reporteros/estar/constantemente haciendo preguntas

_____

5. el médico/poder/hacer una operación de emergencia

_____

K. ¡Llegaron tarde!   Those pesky reporters are after you, trying to find out when Sr. Lara is going to have surgery. What they don't realize is that this is now history. . . .

Modelo: ¿Cuándo van a hacer la diagnosis?
La hicieron ayer.

1. ¿Cuándo van a anunciar los resultados?

_____

2. ¿Cuándo va a venir la familia del Sr. Lara? ···

_____

3. ¿Cuándo van a examinar la herida?

_____

4. ¿Cuándo va a poder salir del hospital el Sr. Lara?

_____

5. ¿Cuándo va a venir el cirujano?

_____

6. ¿Cuándo van a tener más información?

_____

7. ¿Cuándo vamos a ver al Sr. Lara?

_____

8. ¿Cuándo va a hacer más pruebas el médico?

_____

Módulo 2

Una buena enfermera

A. ¿Cuál es la palabra?   Complete each sentence with an appropriate word from the list to find out more about this patient.

gerente	despierta	recuperación
agitación	nutricionista	confusión

1. La paciente se acuesta temprano, pero se _____ dos o tres veces durante la noche.

2. No sabe dónde está, se encuentra en un estado de _____ .

3. Elena Quiroga es la _____ del caso.

4. La _____ dice que la paciente necesita una dieta especial.

5. Pero antes de nada tenemos que calmar su _____ .

6. Todos queremos que su _____ sea completa.

B. Un accidente en el trabajo. Unfortunately, sometimes accidents happen on the job. Read the dialogue to find out what happened to this man, then use the information provided to answer the questions that follow.

CIRUJANA: ¿Qué pasó? ¿Cómo se lesionó? ¿Qué me puede decir?

PARAMÉDICO: Los compañeros llamaron al 911, pidieron una ambulancia y nosotros llegamos en cinco minutos. Creo que el hombre cayó desde el segundo piso de una casa en construcción. Además de fracturas y contusiones, sufrió un tremendo golpe en la cabeza. Le hablé, pero no dijo nada, no respondió. Por eso lo trajimos a la sala de urgencias.

CIRUJANA: Hicieron bien. Vamos a sacar unas imágenes del cráneo para ver. Creo que el golpe produjo una hemorragia interna. Es probable que tengamos que operar enseguida. ¿Alguien informó a sus familiares?

PARAMÉDICO: Sí. Pero en su casa nadie habla inglés. Me dijeron que son de Canadá. Pedí un intérprete y ella tradujo todo al francés.

CIRUJANA: Bueno, dígales a los familiares que estamos haciendo todo lo posible por él.

1. ¿Adónde trajeron a la víctima?

  a. a una casa en construcción

  b. a la sala de urgencias

  c. al laboratorio

2. ¿Qué tipo de accidente fue?

  a. un accidente de tráfico

  b. un accidente doméstico

  c. un accidente de trabajo

3. ¿Cuál es la herida más seria?

  a. un brazo roto

  b. un golpe en la cabeza

  c. una lastimadura al riñón

4. ¿Qué respondió la víctima a las preguntas del paramédico?

  a. nada

  b. que tiene un terrible dolor de cabeza

  c. que está muy confundido

Estructuras   *Relating past activities: Verbos en -ir con cambios en el pretérito*

C. ¿Quién lo hizo?   Complete each statement according to the model to indicate who did each of these things yesterday, while taking care of the injured construction worker.

Modelo: (paramédicos) tomarle la temperatura
Los paramédicos le tomaron la temperatura.

1. (el hombre) dormir durante el camino al hospital _____

2. (las enfermeras) servirles un poco de agua a los familiares _____

3. (los compañeros del herido) pedir una ambulancia _____

4. (el médico) preparar el quirófano de la sala de emergencias _____

5. (la operadora) repetir la dirección del accidente por radio _____

6. (los paramédicos) seguir las instrucciones de la cirujana _____

D. Ellos no, yo.   It seems that no matter how hard you work, someone else always gets the credit for your work at the hospital. It is time to set the record straight!

Modelo: El enfermero empezó el suero.
No, yo empecé el suero.

1. La doctora pidió los medicamentos. _____.

2. El cirujano durmió en el hospital. _____.

3. El asistente trajo los resultados de las radiografías. _____.

4. La recepcionista les sirvió la comida a los familiares. _____.

5. Los paramédicos no cometieron ningún error. _____.

El cuidado en la casa

E. Emparejar.   Match the related words or expressions from both columns.

1. _____ lento   **a.** período de recuperación

2. _____ entregar   **b.** cuarto donde está el inodoro

3. _____ convalecencia   **c.** el uso, el destino, la razón de algo

4. _____ el baño   **d.** dar algo a otra persona

5. _____ el recreo   **e.** lo opuesto de rápido

6. _____ el propósito   **f.** diversión, recreación

F. En sus propias palabras.   You are the head trainer for an in-home health care agency. You are writing an employee manual with a glossary for basic terms used in the course of a day. Define each of the following or use it in a sentence that helps employees to understand.

Modelo: el aseo

El aseo de la casa es la limpieza. o El empleado se ocupa del aseo de la casa.

1. silla de ruedas _____

2. inodoro _____

3. muletas _____

4. el desinfectante _____

5. la escoba _____

6. el nebulizador _____

7. la cama de posiciones _____

8. el bastón _____

9. la aspiradora _____

10. la grúa hidráulica _____

Estructuras   *More past activities: Usos del pretérito*

G. ¿Qué ocurrió?   Here is the list of activities that the ambulance workers performed yesterday after taking a rehabilitation patient to her home for continuing care. Place them in the correct chronological order, then write them out appropriately.

Modelo: a. ___1___ poner a la paciente en la silla de ruedas

1. *Los paramédicos pusieron a la paciente en la silla de ruedas.*

b. _____ montar la cama de posiciones

c. _____ subir a la paciente a la ambulancia

d. _____ operar la grúa hidráulica para verificar el funcionamiento

e. _____ instalar el inodoro portátil en el cuarto

f. _____ ayudar a la paciente a instalarse en la cama

g. _____ conducir hasta la residencia de la paciente

h. _____ despedirse de la paciente hasta el día siguiente

2. _____

3. _____

4. _____

5. _____

6. _____

7. _____

8. _____

H. El paciente.   Create a log of your observation of a patient during a five-hour period of your choosing. Remember that your statements should be in the preterite, since the period of observation has now been completed. Here is a list of verbs that may be useful as you prepare your report.

despertarse	sugerir	tragar	cambiar	averiguar	inyectar	bañarse	dormir	comer
enojarse	quedarse	sudar	orinar	iniciar	verificar	preguntar	empezar	notificar

Modelo: 10:00

  El paciente se despertó enojado y pidió agua.

__:00_____

__:30_____

__:00_____

__:30_____

__:00_____

__:30_____

__:00_____

__:30_____

__:00_____

__:30_____

A leer

Preparación para la lectura.   As a medical student, you need to know at least a little bit about every topic, problem, and disease. Some of them, like strokes, are more important than others. Do you know what the main causes of a stroke are? Do you know the main symptoms? Would you be able to identify the problem if it happened to someone near you? Read the following article and use the information you learn to answer the questions that follow.

Derrames cerebrales

Un derrame cerebral es una lesión causada por la interrupción de la corriente sanguínea. Hay varios tipos, entre los que encontramos:

Embolia: El bloqueo de una arteria del cuello o del cerebro, a causa de un coágulo. Estos coágulos pueden ser sanguíneos, o pueden formar parte de los depósitos grasosos de las arterias. Aproximadamente el 20 por ciento de los derrames cerebrales son causados por embolias.

Hemorragia: Es la ruptura de una arteria en el cerebro o en su superficie. Estas rupturas son causadas por la debilitación de la arteria o por una abnormalidad congénita en el cerebro. Las hemorragias pueden ocurrir en el cerebro o en el espacio entre el cerebro y la membrana protectora. Aproximadamente el 20 por ciento de los derrames cerebrales son causados por hemorragias.

Síntomas: Las señales de alerta de un derrame cerebral incluyen:

- Debilitación o adormecimiento súbito y temporal de la cara, brazos o piernas
- Visión borrosa o reducida
- Dificultad temporal al hablar, pérdida del habla, o problemas de enunciación
- Mareos o inestabilidad temporal
- Dolores de cabeza inexplicables

Es muy importante reconocer estas señales. Aunque no causen dolor y puedan desaparecer rápidamente, son señales claras de que hay un problema grave. Si experimenta alguno de estos síntomas, llame al 911 inmediatamente.

I. ¿Qué es una embolia?

_____

2. ¿Qué es una hemorragia cerebral?

_____

3. ¿Cuál es la causa de un derrame cerebral?

_____

4. Nombre al menos tres síntomas de una embolia o derrame cerebral.

_____

5. Nombre al menos otras tres enfermedades o problemas relacionados con el cerebro.

_____

A buscar

Were you able to come up with three diseases or problems related to the brain? If so, congratulations—you're better off than the rest of the population. To make sure that your knowledge is well-rounded, visit *www.bim.com.mx* and find some additional information regarding this topic. Are there any other main signs that you should be aware of when treating patients with brain injuries and problems? If so, note them and share your findings with your classmates.

LECCIÓN 11

¿Adónde tengo que ir?

Módulo 1

La farmacia

A. ¿Se necesita receta? Indicate whether a prescription is needed for each of the following articles in a pharmacy.

1. un antibiótico   Sí   No

2. un sedante   Sí   No

3. un champú   Sí   No

4. un antiácido   Sí   No

5. un laxante   Sí   No

6. un analgésico   Sí   No

7. una anfetamina   Sí   No

8. una vacuna   Sí   No

B. ¿Cuál es la palabra? Match the related words or expressions from both columns to show how much you learned while volunteering at the local pharmacy.

1. _____ farmacéutico

a. calmante, medicamento que sirve para tranquilizar

2. _____ calambre

b. medicamento para el estreñimiento

3. _____ sedante

c. productos para la belleza

4. _____ laxante

d. profesional que prepara y despacha medicamentos

5. _____ cosméticos

e. algo para la nariz tapada que ayuda a respirar

6. _____ inhalador

f. contracción involuntaria y dolorosa de algunos músculos

C. En la farmacia. Read the conversation between the pharmacist and a client, then use the information provided to answer the questions that follow.

CLIENTE:	¿Me puede recomendar algo para el estreñimiento?
FARMACÉUTICA:	¿Cuánto tiempo hace que tiene estreñimiento?
CLIENTE:	Cuatro días, y tampoco tengo ganas de comer.
FARMACÉUTICA:	Usted no es de aquí, ¿verdad? El cambio de dieta o de agua afecta a muchas personas. Algunas sufren de diarrea y otras de estreñimiento. ¿Come aquí la misma comida que comía en su país? ¿Sigue el mismo horario para las comidas?
CLIENTE:	No. Ahora como cosas típicas de aquí y sigo el horario local. ¿Cree que no debo hacerlo?
FARMACÉUTICA:	No, creo que su sistema digestivo va a adaptarse a los cambios de dieta. Por el momento le recomiendo unos supositorios de glicerina y un laxante. Las instrucciones están en la etiqueta. Pero si el problema persiste, debe ver a un médico.
CLIENTE:	Muchas gracias, señora. ¿Puedo pagar con tarjeta de crédito?
FARMACÉUTICA:	Claro que sí. Aceptamos todas las tarjetas principales.

1. ¿Por qué va el cliente a la farmacia? _____

2. ¿Cuánto tiempo hace que tiene este problema? _____

3. ¿Cuál cree la farmacéutica que es el problema? _____

4. ¿Qué recomienda la farmacéutica? _____

5. ¿Cómo paga el cliente por la compra? _____

Estructuras   *Describing past situations: El imperfecto*

D. Cuando yo era estudiante.   Now that you are a doctor, those days when you were a young student seem so far away.... Complete each sentence with the imperfect of the indicated verb so that we can get a better picture of what life was like back then.

1. Yo (ir) _____ a clase todos los días.

2. Yo nunca (enfermarse) _____ .

3. Mi madre me (llevar) _____ a la escuela en carro.

4. Mi profesora favorita (ser) _____ la Sra. Ruiz.

5. Mis hermanos y yo no (comer) _____ en la escuela.

6. Nosotros (volver) _____ a casa al mediodía para comer.

7. Si un estudiante no (sentirse) _____ bien, (ir) _____ a la enfermería.

8. Yo nunca (querer) _____ ir a la enfermería.

9. ¿Por qué? Porque mi madre (ser) _____ la enfermera.

10. Y los otros niños (saber) _____ que ella me mimaba mucho.

E. Cómo cambia la medicina.   It is not only your life that has changed over time, the advances in medicine have also brought many changes to the way things used to be. Can you tell what each of these things was like before, based on how things are now?

Modelo: Ahora la recuperación requiere poco tiempo.
En el pasado la recuperación requería mucho tiempo.

1. Ahora poca gente muere de viruela. _____

2. Ahora no vacunamos contra la viruela. _____

3. Ahora las mujeres dan a luz en el hospital. _____

4. Ahora las ambulancias aéreas transportan a los pacientes. _____

5. Ahora las farmacias venden todo tipo de medicinas. _____

6. Ahora pocas personas mueren de poliomielitis. _____

7. Ahora existe una vacuna para la hepatitis B. _____

8. Ahora los médicos no visitan a los pacientes en casa. _____

La fisioterapia

F. ¿Cuál es la palabra?   Match each word with its synonym or definition.

1. _____ acupuntura

2. _____ experimentar

3. _____ hormigueo

4. _____ inclinarse

5. _____ masaje

6. _____ alcanzar

a. llegar a, obtener

b. bajar la cabeza o el torso

c. tratamiento alternativo que se originó en Asia

d. sensación de picor (*itching*) en el cuerpo

e. presiones sobre el cuerpo para aliviar el estrés

f. sentir, notar

G. Una nota.   You are the director of a center for alternative medicine. Today you are sick and need to write some notes for your assistant so that he knows what to do. Use each word below to write him a command about something related to the office.

Modelo: comprar/productos botánicos
Compre productos botánicos. o No compre productos botánicos.

1. preparar/salón de acupuntura

_____

2. organizar/sala de yoga

_____

3. recoger/las recetas

_____

4. dirigir/ejercicios de visualización

_____

5. hacer citas/masajes

_____

6. contratar/quiropráctico

_____

Estructuras *More on the imperfect: Estados mentales, físicos y más*

H. Yo... mientras ella...   Your assistant completed all the work, but he is complaining about one of the employees, Luz, who spent the day slacking off. Read his complaints and write them out according to the cues provided.

Modelo: limpiar la sala/dormir
  Mientras yo limpiaba la sala ella dormía.

1. preparar el salón de acupuntura/descansar

_____

2. organizar la sala de yoga/hablar por teléfono

_____

3. recoger las recetas/mirar la televisión

_____

4. dirigir los ejercicios/pensar en su novio

_____

5. hacer citas/ponerse maquillaje

_____

6. contratar al quiropráctico/escribir cartas a sus amigos

_____

I. Nunca más. After spending all this time at the hospital, you have learned much about many things. Now, when faced with difficult situations, you no longer behave as you used to do in the past. Here is the proof.

Modelo: estar nervioso/ir al hospital

Antes estaba nervioso cuando iba al hospital. Ahora ya no estoy nervioso.

1. preocuparse mucho/hacer una cirugía _____

2. tener miedo/cometer errores en la diagnosis _____

3. estar nervioso/examinar las radiografías _____

4. sentirse deprimido/ver a muchos pacientes en el hospital _____

5. sentirse confundido/practicar medicina alternativa _____

6. no estar preparado/atender las emergencias (¡**OJO!**) _____

J. ¡Sea original! By now you have spent enough time at that hospital to be able to guess what everyone is doing at almost any time of the day. Using the cues below, create original sentences in the past tense so that we know what all these people were doing earlier.

Modelo: los enfermeros/el doctor

Los enfermeros limpiaban el salón de yoga mientras el doctor recetaba.

1. el quiropráctico/la paciente _____

2. la profesora de yoga/los participantes _____

3. el masajista/la asistenta _____

4. el médico/los paramédicos _____

5. los estudiantes de medicina/el profesor _____

6. yo/¿...? _____

Módulo 2

El dentista

A. Cosas de dientes. Complete each statement with an appropriate word from the list to find out about your dentist's latest client.

| empastes | novocaína | puente | caries | sarro | odontología | sonrisa | hilo |

1. Doctor, no me gusta mi _____ porque tengo los dientes muy feos.

2. Cada vez que vengo a su oficina usted encuentra más _____ .

3. ¡Y ya tengo cuatro dientes con _____ !

4. Usted sabe que no aguanto el dolor, por eso necesito que me dé _____ .

5. Yo me cuido los dientes. Los cepillo y también uso el _____ dental.

6. Sé que la limpieza bucal es necesaria para quitar el _____ de los dientes.

7. ¿Sabe que mi Elena quiere ser dentista y está estudiando _____ ?

8. Ella puede practicar conmigo. Tengo tres empastes, dos coronas y un _____ .

B. ¿Cuál de los dos?   Use your medical knowledge to choose the logical verb to complete each statement below.

1. El odontólogo le pone los frenos para *corregir/quitar* la dentadura.

2. El fluoruro ayuda a *prevenir/extraer* las caries.

3. El dentista le da agua al paciente para que pueda *tragarse/enjuagarse* la boca.

4. El paciente no puede tragarse la medicina y la tiene que *tapar/escupir.*

5. Si una persona no tiene dientes, no puede *hablar/morder.*

C. Las caries, enemigas de los dientes.   Read this article prepared by a dentist, and use the information provided to answer the questions that follow.

LAS CARIES

Las caries son enemigas de los dientes. Afectan a casi un 98% de la población latinoamericana y son la causa principal de la pérdida de dientes antes de los 30 años. Para comprender mejor el problema de las caries, debemos pensar en el contexto socioeconómico, cultural y temporal.

Hay factores genéticos, como la predisposición familiar, y otros como la alimentación inadecuada durante la lactancia y la niñez o la falta de atención profesional. Todos contribuyen al desarrollo de las caries. Para controlar las caries debemos controlar estos factores y además: limitar el consumo de carbohidratos, como las bebidas gaseosas y de elementos como el ácido cítrico y el ácido fosfórico.

Con una alimentación adecuada y la atención profesional necesaria, podemos evitar que la naturaleza nos deje sin dientes cuando todavía los necesitamos.

---

1. ¿Qué porcentaje de la población latinoamericana está afectado por las caries?

_____

2. ¿Cuáles son tres factores que pueden contribuir al desarrollo de las caries?

_____

3. ¿Qué tipo de bebidas debemos evitar para controlar las caries?

_____

4. ¿Qué ácidos pueden ser factores que contribuyan a la formación de caries?

_____

Estructuras   *Narrating in the past: El pretérito y el imperfecto*

D. ¿Por qué lo hicieron?   After helping out at the dentist's office for several weeks, you know fairly well what everybody does. But do you know why they do it? Can you guess?

Modelo: La Sra. Salas llamó a la consulta del dentista porque....
   La Sra. Salas llamó a la consulta del dentista porque tenía un dolor de muelas.

1. La recepcionista le dio cita para esa misma tarde porque...

_____

2. El dentista canceló su cita para jugar al golf porque...

_____

3. La Sra. Salas llegó a la consulta con un ojo morado porque...

_____

4. La ayudante del dentista discutió con la Sra. Salas porque...

_____

5. La Sra. Salas escupió a la higienista dental porque...

_____

6. El dentista preparó un tratamiento de conducto porque...

_____

E. Antes no, pero hoy sí.   It seems that you got up on the right side of the bed this morning. Everything you weren't able to do before, seems so simple now....

Modelo: operar /estar nervioso
   Antes nunca operaba cuando estaba nervioso, pero hoy operé.

1. manejar la ambulancia/estar solo

_____

2. preparar empastes/estar preocupado

_____

3. usar un inhalador/sentirme mal en la consulta del dentista

_____

4. llorar/el dentista taladrar mis encías

_____

5. comer/después de hacer una limpieza de dientes

_____

6. pagar/salir de la consulta del dentista

_____

El optometrista

F. ¿El dentista o el optometrista?   Can you determine if each of these terms is related to **la boca (B)** or **los ojos (O)**?

1. el astigmatismo	B	O
2. el empaste	B	O
3. el esmalte	B	O
4. la ceguera	B	O
5. la miopía	B	O
6. el parpadeo	B	O
7. la retina	B	O
8. la placa	B	O
9. los lentes	B	O
10. el sarro	B	O

G. La visita al oftalmólogo.   Complete this description of a visit to the ophthalmologist, using the words provided.

lentes para el sol	anteojos	lentes de contacto
pupilas	oftalmólogo	vista borrosa

1. Ayer tenía problemas con la vista y fui a ver a un _____ .

2. Él me puso unas gotas en los ojos para dilatar las _____ .

3. Me examinó y me dijo que tengo la _____ .

4. Me recetó unos _____ para mejorar la vista.

5. Pero no me gustan las gafas, por eso ahora uso _____ .

6. Él me dijo que protegerme los ojos del sol con _____ .

H. La tenista y la oftalmóloga.   Read the following dialogue between a tennis player and her ophthalmologist, then use the information provided to answer the questions that follow.

OFTALMÓLOGA: Veo que tiene el ojo izquierdo cerrado. ¿Qué le pasó?

TENISTA: Ayer tuve un partido de tenis importante. Hacía muchísimo calor y estuve sudando mucho. Mientras trataba de secarme los ojos, me rasqué el ojo izquierdo con la uña. Después, el ojo me dolía mucho. Por eso los paramédicos me llevaron a la sala de urgencias.

OFTALMÓLOGA: Le voy a poner unas gotas para poder examinarla mejor. Va a ver las cosas un poco borrosas, pero no se preocupe, es completamente normal.

TENISTA: Sí, lo sé. Por lo menos no es tan doloroso como ir al dentista.

OFTALMÓLOGA: Bueno, ahora cuando la estaba examinando vi una pequeña lesión en la córnea. Temo que haya una infección. Voy a recetarle un antibiótico y unas gotas. Quiero que vuelva a verme en cuatro días. Es importante que lleve un parche sobre el ojo herido. No se lo quite ni para dormir. ¿Entiende?

TENISTA: ¡Cuatro días! No puedo, doctora. La final de tenis es dentro de dos días. ¿Cómo voy a jugar con un parche?

OFTALMÓLOGA: Señorita, escúcheme bien. No va a jugar en dos días ni en dos semanas. La ceguera es algo serio, y no creo que quiera quedarse ciega del ojo izquierdo. Así que siga mis instrucciones para evitar cualquier complicación.

1. ¿Qué se lastimó la señorita?

   a. la mano   **b.** la uña   **c.** el ojo

2. ¿Qué hacía la señorita cuando se lastimó?

   a. jugaba al tenis   **b.** corría   **c.** miraba un partido

3. ¿Qué hace la doctora antes de examinar a la paciente?

   a. le pone una inyección   **b.** le da unas pastillas   **c.** le pone unas gotas

4. ¿Cuándo tiene que regresar la señorita?

   a. en cuatro días   **b.** en dos semanas   **c.** en cuatro semanas

5. ¿Qué tiene que llevar la señorita en el ojo? ¿Durante cuánto tiempo?

   a. un parche, un día   **b.** unas lentes, un mes   **c.** un parche, cuatro días

Estructuras *Contrasting past tenses: El pretérito y el imperfecto*

I. La voluntaria. Complete the story of Roberta Henderson, a family doctor who is also a Peace Corps volunteer. Choose the correct form of the preterite or imperfect for each verb in parentheses so that we can figure out what Roberta is telling us.

Roberta Henderson (1) _____ (nacer) en Chicago y (2) _____ (asistir) a la universidad de medicina de esa ciudad. Hace dos años ella (3) _____ (decidir) ingresar al Cuerpo de Paz. Ella (4) _____ (querer) hacer algo por las personas que (5) _____ (necesitar) ayuda. Durante el período de entrenamiento, ella (6) _____ (tener) que levantarse muy temprano. Ella y otros voluntarios (7) _____ (vivir) en un pueblo lejos de la capital. Los instructores les (8) _____ (enseñar) a vacunar a los animales domésticos y ayudar a las mujeres de la localidad con problemas de parto. Ellos también (9) _____ (contribuir) a la mejora de la infraestructura del pueblo. Roberta nos lo cuenta: Cuando yo (10) _____ (llegar) aquí, no (11) _____ (saber) nada de la vida del campo. Lo primero que (12) _____ (notar) después de llegar (13) _____ (ser) la falta de agua potable. El agua del pueblo (14) _____ (estar) contaminada y muchas personas, especialmente los niños, (15) _____ (enfermarse). Nosotros (16) _____ (decidir) ayudar a los vecinos a encontrar agua para beber. El proyecto no (17) _____ (ser) fácil, pero todo nuestro trabajo (18) _____ (valer) la pena.

J. ¿Y esa imaginación? Now it is your time to shine! Imagine that you spent a year volunteering for the Peace Corps as a doctor in an underdeveloped area of your choice, anywhere in the world (where Spanish is spoken, of course). Narrate a short story about your experiences there, using as many words from the chapter's vocabulary as possible. Remember to alternate the verbs in the imperfect and the preterite as needed.

_____

_____

_____

_____

_____

A leer

Preparación para la lectura.   Are you in good shape? Do you run marathons? Have you ever participated in a benefit run or walk? If so, you probably know that your sweat and tears can go a long way to help others in need. Read this short narration about one such run, then use the information provided to answer the questions that follow.

La carrera de la independencia

El jueves pasado tuvo lugar la carrera anual del Día de la Independencia. Los participantes contribuyeron a esta causa, la de recaudar fondos para los niños con síndrome de Down, y alcanzaron un total superior al de todos los años anteriores.

La sorpresa del día fue que por primera vez, la Escuela Municipal de Atletismo incluyó una categoría especial para participantes con síndrome de Down. Varios atletas de la Fundación Down y otros alumnos de colegios del área participaron en la carrera.

Los participantes recibieron aplausos del gran número de espectadores que asitió a este evento. Los chicos de la Fundación entrenan todos los martes y jueves, para desarrollar una mayor coordinación, resistencia física y habilidad.

Todos ellos finalizaron con éxito la competición. En esta carrera, todos ganamos: los participantes, los padres, el público e incluso los medios de información. Entre todos, podemos erradicar la discriminación en el deporte, y contribuir a la lucha para ayudar a estos fantásticos chicos.

1. ¿Con qué frecuencia se organiza esta carrera? ———————————————————

2. ¿Quienes eran los participantes de este año? ———————————————————

3. ¿Por qué era especial la carrera de este año? ———————————————————

4. ¿Qué hacen estos chicos los martes y los jueves? ———————————————————

5. ¿Cuál es el objetivo de su entrenamiento? ———————————————————

6. ¿Quién gana en esta carrera? ¿Por qué? ———————————————————

A buscar

Are you aware of any races or walks taking place in your community? If not, check the local news or call your local library. They can provide you with information about any upcoming events worth your time. Select an event that you feel needs your attention, such as running for MS, for AIDS or Alzheimer's. Your final task is to convince as many of your classmates as possible to join in with you. Do you have what it takes to accomplish this?

Repaso Lección 7   *La comida y la nutrición*

A. ¿Qué se hace?   Do you remember what is done with each of these things?

Modelo: leer/revista
> ***La revista se lee.*** o ***Se lee la revista.***

1. hornear/papas _____

2. combinar/ingredientes _____

3. reducir/estrés _____

4. aliviar/dolor _____

5. eliminar/grasas _____

6. vitaminas/tomar _____

7. preparar/medicinas _____

8. asar/carne _____

B. Una buena dieta.   Remember the important elements of a good diet? Complete each sentence with the correct form of an appropriate verb from the list.

escoger	subir	sustituir
resistir	bajar	asar

1. Si una persona _____ de peso, debe ponerse a dieta.

3. Cuando seguimos una dieta, normalmente _____ de peso.

4. Es importante _____ alimentos sanos cuando se compra comida.

4. Es necesario _____ el deseo de comer mucha grasa.

5. Es mejor _____ la carne que freírla.

6. Es buena idea _____ la manteca por el aceite.

C. ¿Cuándo empieza?   You know you should make some changes to your diet and health habits, but getting started is hard. However, this morning you got up in such a good mood that everything you have done seems to be exactly what the doctor ordered.

Modelo: ¿Cuándo va a empezar su dieta?
           Acabo de empezarla hace dos horas.

1. ¿Cuándo va a dejar de freír los alimentos? (1 hora) _____

2. ¿Cuándo va a reducir las porciones? (10 minutos) _____

3. ¿Cuándo va a cocinar comidas saludables? (3 horas) _____

4. ¿Cuándo va a eliminar las grasas saturadas de su dieta? (media hora) _____

5. ¿Cuándo va a comprar postres naturales? (un cuarto de hora) _____

Módulo 2

D. Más alimentos.   After getting started on your diet, complete these statements with the appropriate word from the list. This should be a piece of cake, right?

consumo	verduras	mercado	carbohidratos	sodio

1. El trigo, el arroz y otros granos son ricos en _____ .

2. La señora compra los comestibles en el _____ .

3. Si tiene la presión arterial elevada, debe evitar el _____ .

4. Es bueno reducir el _____ de azúcares.

5. La lechuga y otras _____ son importantes para la dieta.

E. ¿A quién le gusta…?   Unfortunately, just when you start your diet, your roommate decides to throw a party. He needs you to tell him who likes what, so he knows what to buy.

Modelo: Ramón/postres
           A Ramón le gustan los postres.

1. Lola/pasteles de chocolate   _____

2. Emilio/helado   _____

3. Juan y Pedro/los frijoles   _____

4. Hernando/la cerveza   _____

5. Luis y Bea/el arroz integral   _____

6. Alberto/las lentejas   _____

F. ¿Cómo dice? You have to report these patients' results so they know what they should do next. Make sure you spell out those numbers; some of the patients are hard of hearing.

Modelo: Sr. Romero/colesterol 338

Señor Romero, tiene el colesterol a trescientos treinta y ocho.

1. Sra. Garce/presión/190/80 _____

2. Sr. Montes/pulso/130 _____

3. Srta. Medina/colesterol/238 _____

4. Sr. Monreal/exceso de peso/183 libras _____

5. Sra. Padilla/total de calorías para hoy/2387 _____

Repaso Lección 8   *La maternidad y la pediatría*

Módulo 1

A. ¿Qué palabra era? Remember all that time spent at the maternity ward? You learned so much there that completing these sentences presents no problem at all!

náuseas	obstetra	cesárea
embarazada	parto	antojos

1. La señora está _____ y va a tener el bebé el mes que viene.

2. Algunas veces ella sufre de _____ matutinas.

3. Y tiene unos _____ curiosos; ahora quiere helado para el desayuno.

4. Su doctora es una _____ excelente.

5. Nadie cree que va a tener dificultades en el _____ .

6. Pero si hay algún problema la obstetra va a recomendar una _____ .

B. ¿Cuál es el producto? Can you guess what each of these patients uses to do what they do?

Modelo: Julia/lavarse

Julia se lava con Dove.

1. Juan/afeitarse _____

2. Ramón y Pepe/cepillarse los dientes _____

3. Azucena/pintarse los labios _____

4. Alfredo y Víctor/lavarse el pelo _____

5. Javi y Toni/bañarse _____

C. Relaciones recíprocas.   It seems that lately everyone at the hospital is hanging out with someone else. Don't believe me? Pay attention to these people. What do they do?

Modelo: Roberto y Lucha/mirarse a los ojos
Roberto y Lucha se miran a los ojos constantemente.

1.   los paramédicos/abrazarse   _____

2.   los niños/pelearse   _____

3.   las enfermeras/hablarse   _____

4.   Amparo y Bob/enojarse   _____

5.   los doctores/consultarse   _____

6.   los pacientes/comprenderse   _____

7.   los radiólogos/ayudarse   _____

8.   las recepcionistas/criticarse   _____

9.   los enfermos/apoyarse   _____

10.   los médicos/gritarse   _____

Módulo 2

D. Correspondencias.   Match the related words or expressions from both columns.

1. _____ tosferina   **a.** lloro

2. _____ primavera   **b.** septiembre, octubre, noviembre

3. _____ otoño   **c.** marzo, abril, mayo

4. _____ llanto   **d.** botella para alimentar al bebé

5. _____ comadrona   **e.** enfermedad de la niñez

6. _____ biberón   **f.** partera

E. ¿Quién lo tiene?   With so many people in and out of the newborn's room, you don't know who has what any more. Maybe it is time you start asking around. Don't forget to use the direct object pronoun.

Modelo: ¿Quién tiene los pañales? (padre)
Los tiene el padre del bebé.

1. ¿Quién tiene el biberón?(madre)   _____

2. ¿Quién tiene las radiografías? (técnico)   _____

3. ¿Quién tiene el chupete? (bebé)   _____

4. ¿Quiénes tienen la cuna? (las tías)   _____

5. ¿Quién tiene la fórmula? (la partera)   _____

F. Una clase. You are giving a short lecture to new mothers and are writing some notes as to what they should know about each new item they are receiving today. Be as clear as possible, and include any information that you think will be helpful.

Modelo: cuna

> *La cuna se usa como la cama para el bebé. Deben ponerla en el cuarto del recién nacido.*

1. anillo de dentición _____

2. pañales _____

3. loción de calamina _____

4. chupete _____

5. tetina _____

6. almohada _____

Repaso Lección 9   *Problemas de salud*

Módulo 1

A. El Sr. Sepúlveda.   Complete each statement with an appropriate word from the list to find out what is going on with Sr. Sepúlveda.

alcoholismo	negación	borracho	aliento	intervención

1. El Sr. Sepúlveda bebe muchísimo; muchas noches vuelve a casa _____ .

2. Su esposa le huele el alcohol en el _____ .

3. Él depende del alcohol, sufre de _____ .

4. Pero no quiere admitirlo. Creo que está en un estado de _____ .

5. Es muy probable que necesite una _____ profesional.

B. Recomendaciones.   Everyone wants to recommend something to help poor Sr. Sepúlveda. Can you complete their statements so that they are actually useful?

1. Rosa sugiere que él _____ (buscar) ayuda profesional.

2. Ella también recomienda que _____ (ir) enseguida a la clínica.

3. Arturo quiere que tú _____ (hablar) con el Sr. Sepúlveda.

4. Yo prefiero que él _____ (ir) a visitarte a la clínica.

5. Su familia desea que él _____ (curarse) pronto.

6. Su esposa teme que _____ (ocurrir) algo malo uno de estos días.

Módulo 2

C. Otros problemas.   Match the related words or expressions from both columns.

1. _____ tabaquismo

a. enfermedad de los pulmones

2. _____ programa de 12 pasos

b. sustancia adictiva en el tabaco

3. _____ enfisema

c. sentimiento negativo de responsabilidad

4. _____ nicotina

d. un narcótico muy adictivo

5. _____ heroína

e. adicción al tabaco

6. _____ culpa

f. tipo de autoayuda

D. Esos fumadores.   You are giving a talk to a group of smokers who are trying to quit. Unfortunately, all the participants already attended your previous three lectures. Maybe now you need to change your wording a little, so that they get the picture....

Modelo: necesario/dejar de fumar
   Es necesario que dejen de fumar.

1. raro/morir por dejar de fumar _____

2. urgente/examinarse los pulmones _____

3. importante/cuidarse la salud _____

4. preferible/tampoco beber alcohol _____

5. una lástima/ustedes no escuchar _____

6. posible/estar en el quirófano pronto _____

E. Otras sugerencias.   These smokers are lacking some motivation. Can you come up with at least five reasons why they should quit immediately? Use your imagination and your medical knowledge. Who knows? Maybe this time they will listen....

Modelo: Es importante que dejen de fumar porque a su familia le molesta el humo.

1. _____

2. _____

3. _____

4. _____

5. _____

Repaso Lección 10   *En el hospital*

Módulo I

A. ¿Qué está pasando en la sala de urgencias?   Complete each sentence with the appropriate word from the list to find out what is going on in the operating room.

cirujano	bata	tomografía	quirófano	postiza

1. ¿Quién va a operar hoy? ¿Quién es el _____ ?

2. Va a operar enseguida. Ahora están llevando al paciente al _____ .

3. Van a sacar una _____ axial computarizada.

4. El paciente debe quitarse la ropa y ponerse una _____ .

5. Antes de la operación, el paciente debe quitarse la dentadura _____ .

B. ¡Esta mujer no se entera de nada!   The nurse assisting with the operation is a bit absent-minded and doesn't really pay much attention to what is going on. She is asking you questions about the patient in the operating room, but she is a bit late already....

Modelo: ¿Cuándo van a operar al paciente? (esta mañana)
  Lo operaron esta mañana.

1. ¿Cuándo le van a hacer las radiografías? (hace tres horas)

_____

2. ¿Cuándo van a enviar las imágenes al laboratorio? (hace cinco horas)

_____

3. ¿Cuándo van a venir los paramédicos con la camilla? (hace mucho tiempo)

_____

4. ¿Cuándo vamos a saber los resultados? (hace diez minutos)

_____

5. ¿Cuándo va a venir la familia del paciente? (hace media hora)

_____

C. Un rato con los niños.   While you wait for your next patient, you are helping out at the children's ward. To keep the kids entertained, tell them a story about an emergency that you participated in. Make sure to tell them exactly what happened, when, how, and why.

Modelo: *El sábado pasado yo vi un accidente de tráfico en la calle. Dos coches chocaron. Una señora llamó por teléfono a los paramédicos y...*

_____

_____

_____

_____

_____

Módulo 2

D. Más asociaciones.   Match the related words or expressions from both columns.

I. _____ convalecencia   **a.** persona que vive cerca

2. _____ deterioro   **b.** algo que ayuda a caminar

3. _____ andador   **c.** período de la vejez

4. _____ vecino   **d.** período de recuperación

5. _____ marcapasos   **e.** acción o efecto de empeorar

6. _____ tercera edad   **f.** estimulador eléctrico para el corazón

E. ¿Quién lo hizo?   You have been working at the home of one of your patients, training her family members so that they can provide appropiate care for their mother. Indicate who did each task according to the cues.

Modelo: la hija/alquilar la máquina para limpiar
La hija de la paciente alquiló la máquina para limpiar.

I.   el hijo/asear el cuarto   _____

2.   los paramédicos/entregar el andador   _____

3.   yo/traer las muletas   _____

4.   la paciente/seguir las instrucciones   _____

5.   el esposo/comprar comida de dieta   _____

6.   el bebé/dormirse enseguida   _____

7.   la abuela/necesitar un calmante   _____

8.   la enfermera/ir al laboratorio   _____

9.   la hermana/empezar el suero   _____

10.   el técnico/mirar las radiografías   _____

Repaso Lección 11   *¿Adónde tengo que ir?*

Módulo 1

A. Opciones.   Circle the appropriate option for each sentence, according to the context provided.

I. Voy *a la farmacia/al laboratorio* para comprar medicinas.

2. El médico me recetó *un antibiótico/un calmante* porque tengo una infección.

3. Me recetó pastillas porque no quiero inyecciones, tengo miedo de *tarros/las agujas.*

4. Y mientras estoy en la farmacia, voy a comprar un champú para *el cabello/el cutis.*

5. Como no puedo dormir el médico también me recetó un *cepillo/ sedante.*

6. Y para la indigestión voy a comprar un *estimulante/antiácido.*

B. Los peligros del sol. Complete this paragraph with the correct form of the imperfect of each verb in parentheses, so that you can learn more about the consequences of sunbathing.

Cuando mis hermanos y yo (1) _____ (ser) pequeños, mi mamá siempre (2) _____ (hablarnos) de los peligros del sol. Nosotros (3) _____ (tener) la piel muy blanca y por eso (4) _____ (quemarse) con mucha facilidad. Mamá siempre (5) _____ (ponerse) una loción protectora antes de tomar el sol, pero nosotros no (6) _____ (hacer) caso de sus consejos. Con frecuencia, mi mamá (7) _____ (pasar) junto a nosotros y (8) _____ (cubrir) a mis hermanos con una toalla para protegerlos del sol. Aún así, mi mamá (9) _____ (tener) razón. Veinte años después, mi hermanito pequeño (10) _____ (padecer) de cáncer de piel, o melanoma, por no escuchar los consejos de mi mamá.

Módulo 2

C. Unas últimas palabras. Complete each paragraph with the appropriate words from the list. To simplify your task, you may want to classify the words into categories.

caries	pupilas	placa	limpieza	empaste	lentes de contacto	
novocaína	quiropráctica	columna	artritis	astigmatismo	anteojos	cataratas

La espalda

1. Tengo muchos dolores en las articulaciones. Creo que sufro de _____ .

2. Todas las semanas voy a la _____ para que me haga un ajuste.

3. Ella manipula la _____ vertebral y me deja como nueva.

La boca

4. Voy al dentista porque estoy segura de que tengo una _____ .

5. Primero, la asistenta me hace una _____ de los dientes.

6. Ella elimina el sarro o la _____ que se acumula en los dientes.

7. El dentista me examina y si tengo caries me pone un _____ .

8. Siempre le pido _____ porque no quiero notar ningún dolor.

Los ojos

9. Yo tengo que llevar _____ porque no veo bien.

10. No veo bien porque sufro de _____ .

11. Para examinar los ojos el médico usa una gotas que engrandecen las _____ .

12. Las gotas también ayudan a detectar las _____ .

13. Algunas personas prefieren llevar _____ en vez de anteojos.

D. Un final desastroso.   Today is your last day as a medical student; for some odd reason, everything you tried to do this morning went wrong. Can you explain what happened?

Modelo: ir hacia el hospital/perder el autobús
    Cuando iba hacia el hospital, perdí el autobús.

1. llegar a la sala de urgencias/golpearse contra la puerta

_____

2. cambiarse de ropa en el vestuario/entrar un reportero

_____

3. llevar las medicinas de los pacientes/caer al suelo

_____

4. poner una inyección/romperse la aguja

_____

5. cambiar los pañales de un bebé/el bebé decidir ir al baño

_____

6. escribir los informes anuales/dañar el bolígrafo del director

_____

E. Quise y no pude...   Have you ever found yourself in a situation where you truly want to do something, but you just can't? List at least five different occasions when this happened to you.

Modelo: *Siempre quise ir a ver una operación del cerebro, pero nunca pude.*

1. _____

2. _____

3. _____

4. _____

5. _____

Apéndices

1 Glosario de las partes del cuerpo

abdomen	el abdomen	groin	la ingle
Adam's apple	la nuez de Adán	hair	el pelo
ankle	el tobillo	body hair	el vello
anus	el ano	pubic hair	el vello
appendix	el apéndice	hand	la mano
arm	el brazo	head	la cabeza
armpit	la axila	heart	el corazón
artery	la arteria	heel	el talón
back	la espalda	hip	la cadera
belly button	el ombligo	index	el índice
bladder	la vejiga	intestine	el intestino
blood	la sangre	large	el intestino grueso
bone marrow	la médula espinal	small	el intestino delgado
bone	el hueso	jaw	la mandíbula
brain	el cerebro	joint	la articulación
breast	el seno	kidney	el riñón
breastbone	el esternón	knee	la rodilla
bronchial tube	el bronquio	knuckle	el nudillo
buttocks	las nalgas	larynx	la laringe
calf	la pantorrilla	leg	la pierna
cervix	el cuello del útero	lip	el labio
cheek	la mejilla	liver	el hígado
chest	el tórax	lung	el pulmón
chin	la barbilla, el mentón	mouth	la boca
clitoris	el clítoris	muscle	el músculo
coccyx	la coxis	nail	la uña
collarbone	la clavícula	navel	el ombligo
colon	el colon	neck	el cuello (front part)
crotch	la entrepierna		la nuca (back part)
duodenum	el duodeno	nerve	el nervio
ear, external	la oreja	nose	la nariz
ear, internal and middle	el oído	ovary	el ovario
		pancreas	el páncreas
elbow	el codo	pelvis	la pelvis
esophagus	el esófago	penis	el pene
eye	el ojo	pit of the stomach	el epigastrio
eyebrow	la ceja	prostate gland	la próstata
eyelash	la pestaña	pubic region	el pubis
eyelid	el párpado	pupil	la pupila
face	la cara	rectum	el recto
Fallopian tube	la trompa de Falopio	rib cage	la caja torácica
finger	el dedo	rib	la costilla
foot	el pie	scalp	el cuero cabelludo
forehead	la frente	scrotum	el escroto
gallbladder	la vesícula	shin	la espinilla
genitals	los genitales	shoulder blade	la escápula
gland	la glándula	shoulder	el hombro
		side	el lado
		skeleton	el esqueleto

skin	la piel	diabetes	la diabetes
skull	el cráneo	dysentery	la disentería
spleen	el bazo	dislocation	la dislocación
stomach	el estómago	emotional shock	el choque emocional
temple	la sien	emphysema	el enfisema
testicle	el testículo	epileptic attack	el ataque de epilepsia
thigh	el muslo	erysipelas	la erisipela
thorax	el tórax	evil eye	el mal de ojo
throat	la garganta	fallen fontanelle	la mollera caída
thumb	el pulgar	flank pain	el dolor del costado
thyroid	la tiroides	flu	la influenza
toe	el dedo del pie	fracture	la fractura
toenail	la uña del dedo del pie	fungus infection	la infección de hongos
tongue	la lengua	gallbladder disease	la enfermedad de la vesícula
tonsil	la amígdala		
tooth	el diente	gangrene	la gangrena
trachea	la tráquea	goiter	el bocio
urethra	la urétra	gonorrhea	la gonorrea
uterus	el útero	headache	el dolor de cabeza
uvula	la úvula	herpes zoster, shingles	el herpes
vagina	la vagina		
valve	la válvula	heart attack	el infarto del corazón
vein	la vena	heart murmur	el soplo
vertebra	la vértebra	hemorrhoids	las hemorroides
waist	la cintura	hepatitis	la hepatitis
wrist	la muñeca	hernia	la hernia
		hydrophobia	la hidrofobia
		hypertension	la presión arterial alta
		infection (ear)	la infección de los oídos

2 Glosario de enfermedades

		intussusception	la intususcepción
abscess	el absceso	leprosy	la lepra
acne	el acné	malaria	el paludismo
AIDS	el SIDA	mange	la sarna
alcoholism	el alcoholismo	measles	el sarampión
allergies	las alergias	meningitis	la meningitis
anemia	la anemia	menopause	la menopausia
anxiety	la ansiedad	mental disease	la enfermedad mental
appendicitis	el apendicitis	migraine headache	la jaqueca
arthritis	la artritis	mumps	la parótidas, las paperas falfallota
asthma	el asma		
bronchitis	la bronquitis		
brucellosis	la brucelosis	nervous breakdown	el colapso nervioso
burn	la quemadura	Parkinson's disease	el parquinsonismo
buzzing (in the ears)	el tinitus	parasite infestation	la parasitosis
cancer	el cáncer	pertussis	la tos ferina
cataracts	las cataratas	peritonitis	la peritonitis
cirrhosis	la cirrosis	phlebitis	la flebitis
chicken pox	la varicela	pneumonia	la pulmonía
congestion	el constipado	poisoning	el envenenamiento
conjunctivitis	la conjuntivitis	poliomyelitis	la poliomielitis
constipation	el estreñimiento	prostatitis	la enfermadad de la próstata
convulsions	las convulsiones		
cold	el resfriado común	pterigium	el pterigión
dehydration	la deshidratación	rheumatism	el reumatismo

scrofula	el tifus de los nódulos linfáticos	convulsions	las convulsiones
sinusitis	la sinusitis	cough	la tos
smallpox	la viruela	cramps (abdominal)	los dolores de estómago
stones	los cálculos	cramps (menstrual)	los dolores de la regla
stroke	el embolismo	cramps (muscular)	los calambres
sty	el orzuelo	cysts	los quistes
sunstroke	la insolación	depressed (to be)	estar deprimido
surfeit	la indigestión	diarrhea	el excremento suelto
syphilis	la sífilis	discharge (breast)	la secreción
tetanus	el tétano	discharge (menstrual)	la menstruación
tetanus of the newborn	el tétano del recién nacido	discharge (nasal)	la mucosidad
		discharge (penis)	el pus del pene
tinnitus	el tinitus	discharge (vaginal)	la secreción
trichinosis	la triquinosis	dizziness	los mareos
tuberculosis	la tuberculosis	double vision	la visión doble
typhoid fever	la fiebre tifoidea	drain (to)	supurar
typhus	el tifus	dryness	la sequedad
ulcer	la úlcera	earache	el dolor de oído
urinary infection	la infección urinaria	enlargements of the vein	el agrandamiento de las venas
varicose veins	las várices	faint (to)	desmayarse
venereal disease	las enfermedades venéreas	fatigue	la fatiga, el cansancio
		fever	la fiebre, la temperatura
wart	la verruga	headache	el dolor de cabeza
		hearing (lack of)	la falta de audición, la pérdida del oído

3 Glosario de síntomas

		heartburn	la acidez
abrasions	las raspaduras	hemorrhage	la hemorragia
anxious (to be)	estar nervioso	hives	las ronchas
appetite change	el cambio de apetito	hoarseness	la ronquera
backache	el dolor de espalda	hot flashes	los bochornos
bad smell	el mal olor	itching	la comezón, la picazón
belch (to)	eruptar	labored breathing	la dificultad al respirar
blackheads	las espinillas	libido (change in)	el cambio en el líbido
bleeding (unexplained)	el derrame	mass, lumps	las masas, las protuberancias
blindness	la ceguera		
blisters	las ampollas	miss a period	no bajar la regla
blood	la sangre	myocardial infarction	el infarto del corazón
blood clot	el coágulo	myopia	la miopía
blood in excrement	la sangre en el excremento	nausea	las náuseas
		numbness	el entumecimiento
blood in sputum	la sangre en el esputo	pain in testicles	el dolor en los testículos
blood in urine	la sangre el la orina	pain in the chest	el dolor de pecho
blurred vision	la visión borrosa	pain in the muscles	el dolor de músculos
breath (shortness of)	la falta de respiración	pain in the stomach	el dolor de estómago
bruise	el moretón, el hematoma	pain when urinating	el dolor al orinar
burning	el ardor	palpitation (of the heart)	la palpitación
cavities	las caries		
chills	los escalofríos	phlegm (thick)	la flema espesa
cold extremities	las extremidades frías	pimple	el grano
congested (to be)	estar congestionado	polydipsia	tener mucha sed
constipation	el estreñimiento	polyphagia	tener mucho apetito, tener excesivo apetito
contractions	las contracciones		

polyuria	orinar demasiado
pregnant	embarazada
pressure on the chest (to feel)	sentir presión en el pecho
pus	la pus
rash	el salpullido
redness of the eyes	el enrojecimiento, la irritación
rigidity	la rigidez
scratches	los rasguños
sensation (loss of)	la falta de sensación
sleepy, drowsy (to be)	tener sueño, estar somnoliento
sneeze (to)	estornudar
sores	las llagas
spots	las manchas
sputum, phlegm	el esputo, la flema
sweating	el sudor
swelling	la hinchazón, la inflamación
swollen ankles	la hinchazón de los tobillos
swollen feet	la hinchazón de los pies
swollen hands	la hinchazón de las manos
swollen tonsils	la hinchazón de amígdalas
tears	las lágrimas
throat (sore)	el dolor de garganta
to see spots	ver manchas
trauma	la contusión
tremors	los temblores
tumors, growths	los tumores
vomit (to)	vomitar
vomit, vomiting	los vómitos
weakness	la debilidad
weight change	el cambio de peso
wounds	las heridas

4 Los síntomas

Generales
el cambio de peso o de apetito / dormir / el cansancio / la fiebre / el escalofrío / el sudor

La piel
la erupción de la piel / la comezón / el sudor / la sequedad / el cambio de pelo o de uña

La sangre
el golpe / el moretón / sangrar

El oído
el zumbido / no oír bien / el dolor / el desecho

Los ojos
la visión emborronada o borrada / las lágrimas / el daltonismo (colorblindness)

La nariz
el desecho / la sangre

La garganta
la ronquera / la congestión / la sensibilidad al tocar / las masas

Los dientes
el dolor / la hinchazón / las caries

Los senos
las masas / el desecho / el dolor

Endocrino
la tolerancia al calor o al frío / el cambio de apetito o de la sed

Neurológico
el dolor de cabeza / la visión doble / la falta de visión / los ataques / los temblores / la falta de sensación / los nervios / la depresión

La respiración
la dificultad al respirar / la respiración con esfuerzo / los cambios en la flema / es resuello / las borracheras

Cardiovascular
el dolor del pecho / la palpitación / el tobillo hinchado / las extremidades frías / las venas engrandecidas

Gastrointestinal
el cambio de apetito o de la sed / la náusea / los vómitos / la sangre / el dolor del estómago / el excremento con sangre / la diarrea / el estreñimiento / el cambio del color del excremento

Genitourinario
Los cambios en la orina: la dificultad al orinar / la frecuencia / el dolor / el ardor / la sangre

Varón: el dolor del testículo / la hinchazón / el desecho / el cambio en el líbido

Hembra: la última regla / la regularidad / el desecho / el flujo / la sangre en exceso / el cambio en el líbido / los embarazos

Los músculos / Las articulaciones
los dolores de los músculos / el dolor de espalda / la debilidad / el movimiento limitado / la hinchazón de las articulaciones

HISTORIA CLÍNICA

Nombre del paciente _____

Edad _____

Fecha _____

Por favor, conteste todas las preguntas con una frase o con una X. Pida ayuda a alguna persona del personal médico si la necesita.

QUEJA PRINCIPAL

Diga qué problema médico lo trae hoy al consultorio _____

SALUD EN GENERAL

¿Cómo es su salud en general? Buena _____ Regular _____ Mala _____

¿Cuándo fue la última vez que se sintió bien? _____

¿Ha habido algún cambio en su peso? _____

¿Cuánto pesa? _____

¿Cuánto pesaba? _____

¿Duerme Ud. bien? _____

¿Cuánto ejercicio hace cada día? _____

¿Qué hace en su tiempo libre? _____

ANTECEDENTES QUIRÚRGICOS

Escriba en orden cronológico las operaciones que ha tenido.

OPERACIÓN   LUGAR   FECHA

REVISIÓN SISTÉMICA

Al paciente: Conteste todas las preguntas. Por favor, no deje ninguna sin contestar.

RESPIRATORIO: ¿Ha sufrido de ...

Pulmonía? _____

Bronquitis? _____

Pleuresía? _____

Tuberculosis? _____

Asma? _____

Bronquitis crónica? _____

Enfisema? _____

Otro problema respiratorio? _____

(continued)

DIGESTIVO: ¿Ha tenido o tiene...

Dificultad al tragar? _____

Sensación de ardor en el pecho? _____

Reflujo de comida? _____

Náusea o vómito? _____

Dolor abdominal? _____

Estreñimiento? _____

Diarrea? _____

¿Ha tenido cambios...

En el apetito? _____

En los excrementos? _____

En la consistencia? _____

¿Ha sufrido o sufre de...

Úlceras? _____

Hernia hiatal? _____

Hernia esofágica? _____

Excrementos negros? _____

Problema del hígado? _____

Problema de vesícula o cálculos? _____

Pancreatitis? _____

Colitis o disentería? _____

Diverticulitis? _____

Sangre en el excremento? _____

Hemorroides? _____

Hernia? _____

Otras enfermedades? _____

Cirugías? _____

¿Ha tenido radiografías de...

El estómago? (serie gastrointestinal) _____

La vesícula? _____

Colon? (bario enema) _____

Articulaciones? _____

¿Ha tenido dificultades con...

Disco vertebral? _____

Nervio ciático? _____

Gota? _____

Reumatismo? _____

Artritis? _____

Hinchazón de las coyunturas? _____

Vías urinarias? _____

¿Ha tenido o tiene...

Nefritis? _____

Enfermedad de los riñones? _____

Proteína en la orina? _____

Sangre o pus en la orina? _____

Piedras o cálculos en los riñones? _____

Enfermedad de la vejiga? _____

Problemas de la próstata? _____

HISTORIA OBSTÉTRICA Y
  GINECOLÓGICA: ¿Tiene o ha tenido...

Tumores? _____

Quistes? _____

Enfermedad en las glándulas mamarias? (mamas)
_____

Embarazos? _____

Abortos terapéuticos? _____

Pérdidas? _____

Sangre o sangrados entre períodos? _____

Toxemia? _____

¿Cuándo fue su última regla? _____

¿Cuántos días dura la regla? _____

¿Son regulares? _____

¿Ha tenido histerectomía? _____

¿Alguna otra cirugía de los órganos femeninos?
_____

¿Toma hormonas? _____

¿Ha tenido cambio de vida o menopausia? _____

(continued)

¿Ha tenido...

Sofocones? _____

Otras molestias? _____

NEUROLÓGICO: ¿Ha sufrido de...

Dolores de cabeza frecuentemente? _____

Convulsiones? _____

Enfermedad neurológica? _____

Embolia? _____

Parálisis? _____

Dificultad para coordinar:

    movimientos? _____

    caminar? _____

    hablar? _____

Visión doble? _____

Alucinaciones? _____

Colapso nervioso? _____

Depresión? _____

Enfermedad psiquiátrica? _____

OJOS, OÍDOS: ¿Tiene o ha tenido...

Cirugía de la vista? _____

Glaucoma? _____

Enfermedad seria de la vista? _____

Sordera? _____

Ruidos anormales en los oídos? _____

Zumbidos? _____

ALERGIAS: ¿Ha sufrido de...

Alergias comunes? _____

    al polvo? _____ al pólen? _____

Fiebre del heno? _____

Asma? _____

Ronchas o erupciones de la piel? _____

¿Ha tenido alguna reacción alérgica a alguna
    medicina? _____

    A la penicilina? _____

¿Ha tenido salpullidos? _____

    Picazón _____ Hinchazón? _____

HISTORIA SEXUAL

ANTECEDENTES PERSONALES

Nombre _____

Edad _____

Educación _____

Ocupación _____

Estado civil: Casado/a _____ Soltero/a _____ Divorciado/a _____ Viudo/a _____

SALUD

Historia médica del pasado _____

Historia de la enfermedad actual _____

Síntomas _____

ACTIVIDADES EN GENERAL

Deportes _____

Pasatiempos (*hobbies*) _____

EDUCACIÓN SEXUAL

Padres _____

Amigos _____

Libros _____

Experiencias _____

PUBERTAD

Contactos sexuales _____

Usos de contraceptivos _____

Actitud frente al sexo _____

Actitud de la familia _____

Actitud de la iglesia _____

RELACIONES COMO MIEMBRO DE UNA PAREJA

Duración _____

Satisfacción _____

OTROS COMENTARIOS _____

_____

_____

_____

_____

HISTORIA DE SALUD MENTAL

DATOS DE IDENTIFICACIÓN DEL PACIENTE

Nombre _____ Edad _____

Ocupación _____

Educación _____

Situación socio-económica _____

FUENTES DE INFORMACIÓN

Entrevista _____ Familiares _____

Notas de ingresos previos _____

SÍNTOMAS, SEÑAS DEL EPISODIO ACTUAL

Depresión _____ Falta de sueño _____

Ansiedad _____ Ideas de persecución _____

Falta de energía _____ Delirios _____

Lentitud o retardo del pensamiento _____ Alucinaciones _____

Falta de concentración _____ Incapacidad física _____

Pérdida de memoria _____

ANTECEDENTES PSIQUIÁTRICOS

Síntomas psico-patológicos de la niñez _____ Episodios maníacos anteriores _____

Tensión emocional prolongada _____ Comienzo del episodio actual _____

Episodios depresivos anteriores _____

TRATAMIENTO DEL EPISODIO ACTUAL

Psicoterapia (método Gestalt, centrado en la persona, etc.) _____ Medicamentos _____

DIAGNÓSTICO Y CLASIFICACIÓN

Esquizofrenia _____ Depresión _____

Psicosis maníaco-depresiva _____ Desorden de la personalidad _____

Psicosis afectiva _____

COMENTARIOS: _____

_____

_____

_____

_____

_____

Answer Key

Para comenzar

A. 1. Buenos días

2. Buenas tardes

3. Buenas tardes

4. Buenas noches

B. **First dialogue:** llamo, está usted, Me, gusto

Second dialogue: estás, bien, Estoy, luego/mañana

C. 1. a   2. c   3. c   4. b   5. b

D. 1. d   2. a   3. c   4. b   5. e

E. 1. 22   2. 14   3. 30   4. 11   5. 8
   6. 29   7. 31   8. 12   9. 7   10. 18

F. 1. Hay treinta días en abril.

2. Hay siete días en una semana.

3. Hay veinticuatro horas en un día.

4. Hay sesenta minutos en una hora.

5. Hay X señoritas en la clase.

6. Hay treinta días en septiembre.

7. Hay X señores en la clase.

8. Hay un profesor en la clase.

G. 1. El martes

2. No trabaja

3. No trabaja

1. Los lunes son el 1, 8, 15, 22 y el 29.

2. Los martes son el 2, 9, 16, 23 y el 30.

3. Los viernes son el 5, 12, 19 y el 26.

H. Answers will vary.

I. 1. Hoy es el doce de febrero.

2. Hoy es el treinta y uno de diciembre.

3. Hoy es el primero de abril.

4. Hoy es el cuatro de julio.

5. Hoy es el once de noviembre.

6. Hoy es el diez de septiembre.

7. Hoy es el treinta de mayo.

J. 1. g   2. d   3. a   4. c   5. j   6. e   7. i   8. h   9. b

K. Answers will vary.

Lección I: Una visita al médico

Módulo I: Información personal

A. Nombre: William   Apellido(s): Collins
   Edad: 24   Sexo: Hombre
   Estado civil: soltero
   Residencia en Chile: Hostería Coyhaique,
   Magallanes 131
   Teléfono en Chile: 23.11.37
   Seguros: Aetna U.S. Healthcare   Ocupación: Profesor

B. Last name: Apellidos   First name: Nombre
   DOB: Fecha de nacimiento
   Home address: Dirección/Residencia
   Home telephone number: Teléfono de casa
   Marital status, single, married, divorced:
       Estado civil, soltero/a, casado/a, divorciado/a
   Insurance company: Compañía de seguros
   Policy number: Número de póliza
   Occupation: Ocupación/Profesión

C. Paciente: cita, soy, seguro
   Recepcionista: hora, es, formulario, información

D. Answers will vary.

E. 1. 10:45   2. 1:40   3. 4:55   4. 4:15   5. 6:30

F. 1. El miércoles trabajo a las cuatro y cuarto de la mañana.

2. El sábado trabajo a las dos y media de la tarde.

3. El domingo trabajo a las seis y veinticinco de la mañana.

4. El lunes trabajo a la una y cinco de la tarde.

5. El jueves trabajo a las once y diez de la mañana.

G. 1. c   2. f   3. b   4. g   5. h   6. d   7. a   8. e   9. i

H. 1. paciente 2. libras 3. mide 4. obeso 5. presión
   6. elevada 7. pulso 8. alergia 9. temperatura

I. 1. clínica, información; 2. signos, presión; 3. pesar; 4. diabético; 5. corazón; 6. llenar

J. 1. a   2. c   3. a   4. c   5. c   6. Answers will vary.

K. 1. George Bush es presidente.

2. Yo soy estudiante.

3. Ethan Hawke es actor.

4. John Gray es psicólogo.

5. Christa McAuliffe es astronauta.

L. Answers will vary.

M. 1. A. Roberto Colón: enfermero

B. Ángela Benavides: doctora

C. Rita Garces: recepcionista

D. Felipe López Ochoa: paciente

2. A las diez y media

3. Es piloto de una línea aérea comercial.

4. Tiene cuarenta y dos años.

5. El enfermero

6. Mide seis pies y pesa ciento setenta y cinco libras.

7. Cada seis meses

8. La compañía aérea

Módulo 2: En el consultorio

A. 1. head; 2. eyes; 3. ears; 4. mouth; 5. stomach; 6. arm; 7. buttocks; 8. hand

B. 1. e   2. d   3. h   4. c   5. g   6. i   7. b   8. a   9. f

C. 1. no   2. no   3. sí   4. no   5. sí   6. no

D. 1. La; 2. los; 3. el; 4. Los; 5. el; 6. Los; 7. la; 8. Las; 9. la; 10. el; 11. el; 12. La; 13. el; 14. El; 15. la

E. 1. Tengo unos pacientes enfermos.

2. Hay una enfermera excelente.

3. Son unos cardiólogos importantes.

4. Son unos casos interesantes.

5. Ella es una doctora famosa.

6. Necesito una medicina nueva.

F. 1. El, un; 2. El, los; 3. El/los or Un/los; 4. La/las or Una/unas or Una/las; 5. any combination of singular feminine and singular masculine, definite or indefinite

G. 1. cardiólogo; 2. gastroenterólogo; 3. oftalmólogo; 4. dentista; 5. ortopedista; 6. pediatra

H. 1. b   2. b   3. c   4. c   5. a   6. b   7. c   8. c

I. 1. Cuántos; 2. Cuándo; 3. dónde; 4. Cuánto; 5. Por qué; 6. Cuál; 7. Quién; 8. Qué

J. 1. Príncipe de Vergara; 2. señoras; 3. Valencia; 4. 96 397 05 07; 5. no; 6. Avda. Príncipe de Vergara N. 87. 46003 Valencia, España; 7. sí; 8. Answers will vary.

A leer

a. treatments; b. infertility; c. inquiries; d. menopause

Answers to post-reading questions will vary.

Lección 2: El cuerpo humano

Módulo 1: Las partes del cuerpo

A. 1. la axila; 2. el codo; 3. la muñeca; 4. los dedos; 5. la pierna; 6. el tobillo; 7. el pecho; 8. el ombligo; 9. el abdomen; 10. el muslo

B. 1. c   2. e   3. d   4. b   5. a

C. 1. Silvia; 2. los pies, el pecho y la cabeza; 3. las manos, los brazos; 4. los tobillos torcidos, las fracturas y los golpes en la cabeza o las rodillas; 5. Carmen; 6. bajita y muy delgada

D. 1. Los termómetros son nuevos.

2. Los formularios son viejos.

3. El hospital es moderno.

4. La sangre es roja.

5. La postura es importante.

E. 1. hinchada; 2. rojos; 3. congestionada; 4. delicado; 5. saludables; 6. jóvenes; 7. elevada; 8. obesos

F. Descriptions should match drawings.

G. 1. f, boca/dientes; 2. a, nariz; 3. c, ojos; 4. d, oídos; 5. b, labios/boca; 6. e, barbilla

H. 1. boca/dientes; 2. ojos; 3. pelo; 4. nariz; 5. labios; 6. dientes

I. 1. lógico; 2. ilógico; 3. lógico; 4. ilógico; 5. lógico; 6. ilógico; 7. lógico; 8. lógico

J. 1. visita; 2. anota; 3. pregunta; 4. fuma; 5. contesta; 6. fumo; 7. fuman; 8. examina; 9. palpa; 10. ausculta

K. Answers will vary.

L. 1. a   2. c   3. c   4. b   5. a

Módulo 2: Los órganos

A. 1. no   2. sí   3. no   4. sí   5. sí   6. no   7. sí   8. sí

B. 1. hígado; 2. ovarios; 3. pulmones; 4. riñones;
5. corazón; 6. cerebro

C. Answers will vary.

D. 1. teme; 2. insiste; 3. comprende; 4. recibe; 5. temes;
6. veo; 7. vivimos; 8. creo

E. 1. come; 2. sufre; 3. bebe; 4. creemos; 5. discuten;
6. recibe

F. Answers will vary but sentences will start as follows:

1. La enfermera recibe. . .

2. Los representantes discuten . . .

3. Los médicos deciden . . .

4. Los pacientes comprenden . . .

5. Los familiares temen. . .

G. 1. b   2. a   3. d   4. e   5. c

H. 1. b   2. a   3. c   4. b   5. b   6. c

I. Answers will vary.

J. 1. tengo; 2. está; 3. están; 4. tenemos; 5. está; 6. estoy;
7. tengo; 8. tienes; 9. estás; 10. estás; 11. tenemos; 12. tengo

K. Answers will vary.

L. 1. F   2. C   3. C   4. C   5. F   6. F

Lección 3: Las dolencias

Módulo 1: Estoy resfriado

A. 1. fiebre; 2. dormir; 3. aspirinas; 4. escalofríos; 5.
cobija; 6. caldo; 7. jugo

B. 1. F   2. F   3. C   4. F   5. F   6. F   7. F   8. C

C. 1. La gripe es una infección del sistema respiratorio.

2. Los antibióticos son buenos para las infecciones.

3. Hay que vacunarse contra la gripe antes de
tener la enfermedad.

4. Existe una vacuna contra la gripe.

D. 1. Sí, yo estoy preparando la medicina.

2. Sí, nosotros estamos bebiendo jugo.

3. Sí, el enfermero está leyendo el informe.

4. Sí, los niños están durmiendo.

5. Sí, ustedes están gritando.

6. Sí, las víctimas están sufriendo.

7. Sí, el farmacéutico está trayendo los
medicamentos.

8. Sí, la doctora Soto está examinando al paciente.

E. 1. Está comiendo.

2. Está mirando/examinando la radiografía.

3. Está hablando por teléfono.

4. Está escribiendo.

5. Está tomando unas aspirinas.

F. 1. están preparando; 2. está estudiando; 3. está
respirando; 4. está perdiendo; 5. está limpiando;
6. está cerrando; 7. están sintiendo

G. 1. Está pensando en el examen. 2. Es un examen
sobre los primeros auxilios. 3. Hace preguntas.
4. ¿Cuáles son los signos vitales principales? 5. No
hay que mover a la persona. 6. Hay que mantener
la quemadura limpia.

H. Report 1: 1. 77 años; 2. fractura de cadera y lesiones;
3. está aturdido
Report 2: 1. 58 años; 2. está inconsciente; 3. golpes
en el cráneo
Report 3: 1. viejo; 2. está sufriendo un ataque
cardíaco; 3. oxígeno

I. 1. es fuerte; 2. es aburrida; 3. son ricos; 4. es
delicado; 5. somos saludables; 6. son inteligentes

J. 1. estamos interesados; 2. estás triste; 3. están
preocupadas; 4. estoy confundido; 5. está tranquila;
6. está torcido

K. 1. es; 2. está; 3. está; 4. están; 5. es; 6. son; 7. es; 8. es;
9. están; 10. estoy; 11. estás; 12. estamos; 13. eres;
14. estoy; 15. somos; 16. estamos

Módulo 2: La enfermera de la escuela

A. 1. sí; 2. no; 3. sí; 4. sí; 5. sí; 6. sí; 7. sí; 8. no

B. 1. b   2. a   3. b   4. b   5. a   6. b

C. 1. La víctima va a la sala de emergencia.

2. Ustedes van a Boston.

3. El Dr. Acasio va a la conferencia.

4. Tú vas a la farmacia.

5. La Dra. Vidal va al consultorio.

6. Nosotros vamos a la casa de la directora.

D. 1. Ahora no, pero van a la sala de cirugía a las...

2. Ahora no, pero voy al consultorio a las...

3. Ahora no, pero vamos a la recepción a las...

4. Ahora no, pero va a clase de anatomía a las...

5. Ahora no, pero va a la enfermería a las...

E. 1. No, voy a descansar mañana.

2. No, van a trabajar mañana.

3. No, va a examinar a los niños mañana.

4. No, vamos a preparar los informes mañana.

5. No, vas a hacer muchas preguntas mañana.

6. No, vamos a preparar los tratamientos mañana.

F. 1, 2, 4, and 6

G. 1. b   2. a   3. c

H. Answers will vary.

I. 1. Hago mi trabajo.

2. Conozco a Moisés.

3. Salgo del hospital a las nueve.

4. No, no conozco a Anthony Edwards.

5. Yo conduzco hoy la ambulancia.

J. 1. salgo; 2. conduzco; 3. saben; 4. sé; 5. traduzco; 6. conocemos; 7. hago; 8. oigo

A leer

1. flu; 2. 2–3 months; 3. 2–3 weeks; 4. an epidemic of influenza; 5. patients under 40; 6. 20 million

Lección 4: Las enfermedades graves

Módulo 1: La diabetes

A. 1. d   2. c   3. e   4. a   5. b

B. 1. hipoglucemia; 2. hiperglucemia; 3. insulina

C. 1. b   2. a   3. a   4. a   5. para saber si tiene diabetes

D. Answers will vary.

E. 1. El papá de tu papá es tu abuelo.

2. La hija de tu mamá es tu hermana.

3. La hermana de tu mamá es tu tía.

4. El hermano de tu papá es tu tío.

5. El hijo de tu hermano es tu sobrino.

6. La hermana del hijo de tu hermano es tu sobrina.

F. 1. Sí, es su paciente.

2. Sí, son nuestras medicinas.

3. Sí, es su aspirina.

4. Sí, son sus formularios.

5. Sí, son mis píldoras.

6. Sí, es su cobija.

7. Sí, son sus medicamentos.

8. Sí, es nuestro jarabe.

G. 1. e   2. c   3. b   4. a   5. d

H. 1. M   2. B   3. M   4. B   5. M   6. M

I. 1. Fernando; 2. indigestión, náuseas y palpitaciones; 3. sí; 4. no; 5. Carmen y Roberto; 6. no quiere ir sola

J. 1. Nosotros también recordamos el nombre de todos los médicos.

2. Nosotros también perdemos el autobús por las mañanas.

3. Nosotros también podemos trabajar más de doce horas al día.

4. Nosotros también mentimos cuando hablamos con la recepcionista.

5. Nosotros también acostamos a los pacientes en la sala de maternidad.

K. 1. comienza; 2. dice, comienza; 3. almorzamos; 4. prefiero; 5. recomiendan; 6. sirven; 7. puedes; 8. Cuesta; 9. cuesta; 10. pido

L. 1. comienza; 2. juegan; 3. pierden; 4. prefiero; 5. podemos; 6. cuestan; 7. quiero; 8. dice

Módulo 2: El cáncer

A. ———

B. 1. ovarios; 2. tomar/beber/tragar; 3. biopsia; 4. lunar; 5. regla

C. 1. C 2. C 3. F 4. C 5. C 6. C

D. 1. La varicela es más contagiosa que la pulmonía.

2. Un ataque al corazón es más peligroso que un dolor de cabeza.

3. La quimioterapia es más dolorosa que los tratamientos de radiología.

4. Las inyecciones son más eficaces que las píldoras.

5. El cáncer es más serio que el sarampión.

E. 1. La radioterapia es tan eficaz como la quimioterapia.

2. El Dr. Méndez tiene tantos pacientes como el Dr. Soriano.

3. El cáncer de próstata es tan grave como el cáncer del seno.

4. Las tabletas cuestan tanto como las inyecciones.

5. Pasteur es tan famoso como Salk.

6. El brazo está tan hinchado como la pierna.

F. 1. Ramón está más gordo que Luis.

2. La enfermera es más joven que la recepcionista.

3. El Dr. Marcos tiene más pacientes que la Dra. Sánchez.

4. Yo trabajo más horas que tú.

5. Ernesto tiene menos fiebre que Ana.

6. La madre es tan alta como el niño.

G. 1. inyectarse; 2. jeringa; 3. infectar; 4. protegerse; 5. fatiga; 6. ELISA

H. 1. Está nerviosa./Cree que tiene SIDA.

2. Se puede transmitir el virus por el semen y por la sangre y los flujos vaginales.

3. Tiene diarrea y fiebre.

4. Deben hacerse una prueba.

I. 1. Es un problema serio. Es un problema más serio. Es el problema más serio.

2. Es una enfermedad peligrosa. Es una enfermedad más peligrosa. Es la enfermedad más peligrosa.

3. Es una persona obesa. Es una persona más obesa. Es la persona más obesa.

4. Es un problema importante. Es un problema más importante. Es el problema más importante.

J. 1. No, hombre, ¡es facilísimo!; 2. No, hombre, ¡son altísimos!; 3. No, hombre, ¡es gravísima!; 4. No, hombre, ¡son peligrosísimos!; 5. No, hombre, ¡es famosísimo!

A leer

1. the national Human Rights Commission of Mexico

2. social discrimination against people infected with AIDS

3. protecting public health

4. People with the virus fear discrimination so they don't receive health services or education to prevent the spread of the epidemic.

5. the division between the sick/healthy populations

Lección 5: ¡Emergencia!
Módulo 1: Una llamada al 911

A. 1. Sí 2. No 3. Sí 4. No 5. Sí 6. Sí

B. 1. d 2. c 3. b 4. a

C. 1. accidente; 2. operadora; 3. calle; 4. roto; 5. ambulancia; 6. herida

D. 1. b 2. c 3. b 4. a 5. c

E. 1. Hable; 2. Diga; 3. Espere; 4. Cubra; 5. Pare; 6. Esté

F. 1. Sí, busque la identificación. 2. Sí, llame a su familia. 3. Sí, espere con la víctima. 4. Sí, hable con los paramédicos. 5. Sí, tome sus signos vitales. 6. Sí, siga con el tratamiento.

G. 1. Hablen; 2. Escriban; 3. Recuerden; 4. Busquen

H. 1. despachar; 2. paramédicos; 3. dolor; 4. camilla; 5. suero; 6. toalla

I. 1. inconsciente; 2. 911; 3. ambulancia; 4. identificación; 5. alérgico; 6. nerviosa

J. 1. Dele la aspirina a las enfermeras.

2. Inyéctele la insulina al paciente.

3. Enséñele las radiografías al radiólogo.

4. Explíquele el problema al paramédico.

5. Prepárele el almuerzo al cirujano.

K. 1. Busque; 2. pague; 3. Comience; 4. sea; 5. Esté;
6. dé; 7. Vaya; 8. Recuerde

L. 1. Sí, escríbale el número./No, no le escriba el
número.

2. Sí, lávela esta noche. /No, no la lave esta
noche.

3. Sí, páguele./ No, no le pague.

4. Sí, deles pastillas a los pacientes./ No, no les dé
pastillas a los pacientes.

5. Sí, pídanos comida./ No, no nos pida comida.

6. Sí, póngale una inyección al niño./ No, no le
ponga una inyección al niño.

M. 1. paramédicos; 2. ofrece/paga; 3. seguro;
4. generosas; 5. flexibles; 6. carta

Módulo 2: En la sala de urgencias

A. 1. a   2. b   3. a   4. c   5. b   6. b or c   7. b or c

B. 1. urgencias; 2. puntos; 3. cicatriz; 4. plástico;
5. sorpresa

C. 1. c   2. c   3. c   4. b   5. c

D. 1. No, no tengo ninguna medicina.

2. No, no veo nada en su ojo izquierdo.

3. No, no hay nadie en el consultorio.

4. No, nunca le pongo inyecciones.

5. No, no busco a ninguna víctima.

E. 1. Pues yo nunca voy a las reuniones.

2. Tampoco me interesa el caso del accidente.

3. Nadie me espera esta tarde en el hospital.

4. Nunca manejo la ambulancia por las mañanas.

5. Nadie quiere trabajar con nosotros.

F. 1. nadie; 2. Nunca; 3. tampoco; 4. algo; 5. también;
6. alguien; 7. nada

G. 1. a   2. c   3. a   4. b   5. c   6. b

H. 1. traumatismos; 2. lesiones; 3. accidentes;
4. impacto; 5. cuarenta

I. 1. el pecho   2. no   3. La muñeca derecha está
fracturada.   4. un yeso   5. mañana

A leer

1. January 15, 1944

2. 30 kilometers north of San Juan, near La Laja

3. Richter and Mercalli

4. between 8,000 and 10,000

5. the poor quality of the buildings

J. 1. No, no hay ningún herido.

2. No, no le/me van a sacar ninguna radiografía.

3. No, no hay ninguna complicación.

4. No, no me dice nada importante.

5. No, no nos dan ninguna información.

6. No, no le ponemos/pongan ninguna inyección.

7. No, nunca le dan penicilina.

8. No, nunca hay complicaciones.

K. 1. Sí, le toman algunas radiografías.

2. Sí, viene alguien a ayudar.

3. Sí, tenemos algunos antibióticos.

4. Sí, tomo algo para esta tos.

5. Sí, tengo algunas muletas aquí.

6. Sí, yo también trabajo esta noche.

7. Sí, ellos siempre me/le ponen anestesia.

Lección 6

Repaso Lección 1: Una visita al médico

A. 1. e   2. d   3. b   4. c   5. f   6. a

B. 1. Es a la una y veinte.

2. Es a las doce y diez.

3. Es a las cuatro y cuarto.

4. Es a las diez y veinticinco.

C. 1. El enfermero es simpático.

2. La paciente es simpática.

3. Los médicos son simpáticos.

4. Las recepcionistas son simpáticas.

5. El caso es interesante.

6. La historia médica es interesante.

7. Los ejercicios son interesantes.

8. Las revistas son interesantes.

D. Answers will vary

E. 1. termómetro; 2. formulario; 3. recepcionista; 4. apellidos; 5. profesión

Repaso Lección 2: El cuerpo humano

A. ————

B. 1. b   2. f   3. e   4. c   5. d   6. a

C. 1. congestionada; 2. elevada; 3. delicado; 4. jóvenes; 5. débiles; 6. fuerte

D. 1. La recepcionista contesta las llamadas telefónicas.

2. El enfermero ayuda a los paramédicos en la ambulancia.

3. El enfermero/el médico/la recepcionista anota la información de los pacientes.

4. El enfermero/el médico prepara las medicaciones de los pacientes.

5. El médico examina las radiografías.

E. 1. llamo; 2. contesta; 3. necesitamos; 4. esperamos; 5. indica; 6. regresa; 7. caminamos; 8. entro; 9. toma; 10. examina; 11. termina; 12. pregunto; 13. está

F. 1. a   2. c   3. b   4. a   5. b

G. 1. E   2. B   3. E   4. E   5. C   6. C   7. D   8. D

H. 1. Tengo calor.

2. Tengo sueño.

3. Tengo sed.

4. Tengo prisa.

5. Estoy mal/enfermo.

6. Estoy confundido.

7. Estoy contento.

8. Tengo hambre.

Repaso Lección 3: Las dolencias

A. 1. antibiótico; 2. farmacia; 3. alivio; 4. golpe; 5. emergencias; 6. tranquilizante

B. 1. a   2. a   3. a   4. b   5. a

C. 1. El enfermero está mirando las radiografías.

2. La recepcionista está hablando por teléfono.

3. El paramédico está estudiando en la ambulancia.

4. La pediatra está buscando las aspirinas.

5. El paciente está esperando en la sala de espera.

D. 1. está; 2. es; 3. es; 4. está; 5. están; 6. es; 7. estamos; 8. está; 9. estoy; 10. es

E. 1. e   2. f   3. d   4. a   5. c   6. b

F. 1. Mañana voy a comprar las medicinas.

2. Mañana voy a limpiar el consultorio.

3. Mañana voy a hacer una cita con el oftalmólogo.

4. Mañana voy a organizar las vacunas de los niños.

5. Mañana voy a regresar pronto a casa por la noche.

6. Mañana voy a preparar un almuerzo saludable.

G. 1. sé; 2. conoces; 3. conozco; 4. sabe; 5. conoce; 6. conocemos

Repaso Lección 4: Las enfermedades graves

A. 1. Es mi tía.

2. Es mi tío.

3. Es mi abuela.

4. Es mi primo.

5. Es mi hermana.

B. 1. Es su radiografía.

2. Son sus uniformes.

3. Son nuestros pacientes.

4. Son sus antibióticos.

5. Son nuestras medicinas.

6. Son mis aspirinas.

7. Es mi termómetro.

8. Es su electrocardiograma.

C. Answers will vary but the verbs will be:

1. almuerzo; 2. prefiero; 3. pido; 4. quiero; 5. digo

D. 1. c   2. c   3. b   4. c

E. 1. No, la clínica es modernísima.

2. No, los pacientes están malísimos.

3. No, los médicos están cansadísimos.

4. No, las enfermeras son guapísimas.

5. No, el paramédico es inteligentísimo.

6. No, el policía es antipatiquísimo.

7. No, la sala de espera está sucísima.

8. No, el teléfono es viejísimo.

9. No, la comida está riquísima.

10. No, la recepcionista es tontísima.

Repaso Lección 5: ¡Emergencia!

A. 1. c   2. g   3. h   4. d   5. b;   6. a   7. e   8. f

B. 1. Haga ejercicio con moderación.

2. No juegue con la salud.

3. Vuelva al hospital todos los meses.

4. Mantenga una dieta equilibrada.

5. Siga mis instrucciones.

6. Vigile el nivel de azúcar en la sangre.

C. 1. Llame inmediatamente al 911.

2. Busque a algún familiar.

3. Espere a la ambulancia en casa.

4. Respire profundamente.

5. Controle el nivel de azúcar.

D. 1. b   2. a   3. b   4. a   5. c

E. 1. No, no hay ninguna radiografía de la Sra. Salas.

2. No, no hay ningún termómetro ahí.

3. No, nunca estoy disponible para contestar sus preguntas.

4. No, no hay nada importante en el escritorio del doctor.

5. No, no hay nadie en esa oficina después de las cinco.

Lección 7: La comida y la nutrición

Módulo 1: ¿Qué debo comer para estar en forma?

A. 1. C   2. L   3. L   4. C   5. C   6. G   7. G   8. L

B. 1. grasa; 2. ejercicio; 3. verduras; 4. bajar; 5. dieta; 6. pescado

C. 1. gordo; 2. bajar más de cincuenta libras; 3. corazón; 4. vivir; 5. yogur; 6. cerveza

D. Alimentos buenos: pescado, papas, ensalada, frutas, yogur, verduras
No tan buenos: manteca, carne roja, pollo frito con piel, helado, tocino, bistec

E. 1. En este hospital se habla español.

2. En este hospital se despachan medicamentos.

3. En este hospital se venden suplementos.

4. En este hospital se ponen vacunas.

5. En este hospital se sacan radiografías.

6. En este hospital se recibe a los pacientes.

F. 1. Se venden medicinas... 2. Se sacan radiografías... 3. Se estudia anatomía... 4. Se sirve comida... 5. Se dan masajes... 6. Se hace ejercicios...

G. 1. c   2. a   3. b   4. e   5. d

H. 1. F   2. F   3. C   4. F   5. C

I. 1. Creo que los paramédicos acaban de salir del hospital.

2. Creo que el paciente acaba de llamar al 911.

3. Creo que los enfermeros acaban de responder a la llamada.

4. Creo que el seguro médico acaba de pagar la factura.

5. Creo que Antonio acaba de preparar las vacunas.

6. Creo que la operadora acaba de arreglar la máquina.

J. 1. Acabo de recibir la radiografía hace diez minutos.

2. Acaban de volver hace un momento.

3. Acabamos de comer hace cinco minutos.

4. Acaba de regresar hace una hora.

5. Acaban de poner el suero hace un cuarto de hora.

6. Acaban de llamar al 911 hace un minuto.

Módulo 2: ¡No me gusta hacer ejercicio!

A. 1. gimnasio; 2. aeróbico; 3. pesas; 4. entrenador; 5. calentamiento; 6. caminatas

B. 1. g 2. e 3. d 4. f 5. c 6. b 7. a

C. 1. Buena Forma; 2. modernas; 3. ayudarle; 4. gimnasia para adultos; 5. Arenas

D. 1. (No) me gusta el helado.

2. (No) me gustan las carnes.

3. (No) me gusta el azúcar.

4. (No) me gusta la grasa.

5. (No) me gustan las frutas.

6. (No) me gustan las dietas.

E. 1. A Carmen (no) le gusta el ejercicio aeróbico.

2. A los niños (no) les gusta la gimnasia infantil.

3. A usted (no) le gusta levantar pesas.

4. A nosotros (no) nos gusta bailar el tango.

5. A la doctora (no) le gusta hacer yoga.

6. A Rosita (no) le gusta jugar al fútbol.

F. 1. gratis; 2. vigilar; 3. derrame cerebral; 4. grasa; 5. prevención

G. 1. e 2. a 3. b 4. f 5. c 6. d

H. 1. 890 2. 1,142 3. 4.003 4. 120; 5. 1,002 6. 380 7. 2,002 8. 2,000,000

I. 1. la primera; 2. el cuarto; 3. la tercera; 4. el quinto; 5. la sexta; 6. el séptimo

J. 1. El segundo participante recibe siete mil ochocientos noventa y seis dólares.

2. El tercer participante recibe cinco mil setecientos sesenta y cuatro dólares.

3. El cuarto participante recibe cuatro mil ochocientos noventa y tres dólares.

4. El quinto participante recibe tres mil doscientos once dólares.

5. El sexto participante recibe dos mil ciento quince dólares.

6. El séptimo participante recibe mil dos dólares.

A leer

1. Es importante consumir una gran variedad de alimentos.

2. Todo depende de la persona.

3. Frutas, vegetales, cereales integrales, nueces y legumbres

4. Carne, pescado, pollo

5. Los frijoles, las espinacas, el trigo integral y las frutas secas

Lección 8: La maternidad y la pediatría

Módulo 1: Estoy embarazada

A. 1. estrechos; 2. período; 3. prueba de embarazo; 4. antojos; 5. náuseas; 6. bañarse

B. 1. b 2. b 3. c 4. b 5. c 6. b

C. 1. me despierto; 2. me levanto, me baño; 3. se despierta; 4. bañarse; 5. se acuesta; 6. me quedo; 7. se afeita

D. 1. se llevan; 2. se cuida; 3. vestirse; 4. se pone; 5. se pone; 6. vistiéndome; 7. se siente

E. 1. f 2. c 3. b 4. e 5. a 6. d

F. 1. a 2. c 3. d 4. h 5. g 6. e 7. f 8. b

G. 1. Los médicos se consultan.

2. Las recepcionistas se apoyan.

3. Los pacientes se calman.

4. Los paramédicos se hablan.

5. Los enfermos se comprenden.

6. Los padres se acarician.

H. 1. Nos enamoramos immediatamente.

2. Paco y yo nos miramos a los ojos profundamente.

3. No podemos separarnos ni un minuto.

4. Cinco meses después Paco y yo nos casamos.

5. Esa noche nos abrazamos con pasión.

6. Nueve meses después nos enojamos.

7. Paco y yo nos ponemos nerviosos durante el parto.

8. Finalmenté el bebé sale y nos enamoramos otra vez.

Módulo 2: El cuidado postnatal

A. 1. recién nacido; 2. canción de cuna; 3. cuna;
4. biberón; 5. pañal

B. 1. amamanta; 2. acaricia; 3. eructa; 4. llora;
5. cambia

C. 1. de la leche materna o de la fórmula; 2. a los 4 o 5
meses; 3. la leche materna o la fórmula;
4. deshidratación; 5. con un poco de agua

D. 1. saben; 2. sabes; 3. sabe; 4. sabe; 5. sabe; 6. sabe

E. 1. Sí, conozco la cafetería del hospital. Es buenísima.

2. Sí, conozco a la otra recepcionista. Está
enferma.

3. No, no sé si hay un buen restaurante cerca del
hospital. No conozco el área.

4. No, no conozco al pediatra de su hijo. Sí sé
quién es el Dr. Azuga.

F. 1. sé; 2. conozco; 3. sé; 4. sé; 5. conozco; 6. saber;
7. sé; 8. sé

G. 1. h 2. f 3. b 4. g 5. c 6. a 7. d 8. e

H. 1. Porque Pablito llora mucho.

2. Está molesto.

3. Bien, tiene mucho apetito.

4. Porque pasa todo el día amamantando a Pablito.

5. Casi siete meses.

6. Le están saliendo los dientes de leche.

7. Un poco de comida sólida.

8. Comprando un anillo de dentición

I. 1. Sí, voy a examinarlas.

2. Sí, puede ponerlos en la mesa.

3. Sí, las necesitan en la sala de enfermería.

4. Sí, las sé todas.

5. Sí, tiene que buscarla en la cafetería.

J. 1. La comadrona está cuidando a los bebés.

2. Los paramédicos están manejando la
ambulancia.

3. Las enfermeras están poniendo inyecciones.

4. Los padres están hablando con el
pediatra.

5. La asistenta está cambiando los pañales.

6. La recepcionista está hablando por teléfono.

7. El bebé está jugando con el chupete.

8. El recién nacido está llorando.

K. 1. Sí, llámelos ahora mismo.

2. Sí, búsquela ahora mismo.

3. Sí, cómprelo ahora mismo.

4. Sí, prepárelas ahora mismo.

5. Sí, límpiela ahora mismo.

6. Sí, llámelo a la una.

A leer

1. A la madre

2. En la casa de la madre

3. Un mínimo de dos consultos

4. El ambiente

5. Answers will vary.

Lección 9: Problemas de salud

Módulo 1: La depresión

A. 1. f 2. e 3. c 4. d 5. a 6. b

B. 1. concentrarse; 2. borracho; 3. adolescente; 4.
deprimida; 5. averiguar

C. 1. No 2. Sí 3. No 4. Sí 5. No 6. No 7. Sí
8. Sí

D. 1. c   2. b   3. a   4. b

E. 1. Ella quiere que yo limpie la sala de espera.

2. Ela quiere que yo organice los formularios.

3. Ella quiere que yo llame a los pacientes.

4. Ella quiere que yo prepare las vacunas.

5. Ella quiere que yo copie la tarjeta del seguro.

6. Ella quiere que yo almuerce con ella.

F. 1. El médico quiere que le pregunte al paciente su nombre.

2. El médico necesita que le tome el pulso al paciente.

3. El médico sugiere que mida la presión arterial del paciente.

4. El médico ordena que inmovilice al paciente.

5. El médico prefiere que busque a los otros paramédicos.

6. El médico quiere que mantenga calmado al paciente.

G. 1. No, prefiero que llame usted al hospital desde la ambulancia.

2. No, prefiero que escriba usted los informes sobre el accidente.

3. No, prefiero que dé usted los primeros auxilios a los heridos.

4. No, prefiero que prepare usted el suero para esta señora herida.

5. No, prefiero que vaya usted a la iglesia a buscar un sacerdote.

H. 1. oler; 2. aliento; 3. borracho; 4. negación; 5. intervención; 6. autoayuda

I. 1. No quiero que te emborraches.

2. Quiero que Admitas el problema.

3. No quiero que te deprimas.

4. No quiero que te suicides.

5. Quiero que busques ayuda.

6. Quiero que averigües las causas del problema.

J. 1. c   2. a   3. a   4. b   5. c

K. 1. Yo quiero que siga el tratamiento.

2. Yo quiero controlar su medicación.

3. Yo quiero que duerma ocho horas.

4. Yo quiero que salga con sus amigos.

5. Yo quiero que beba menos alcohol.

6. Yo quiero examinar las pruebas.

7. Yo quiero visitar la casa del paciente.

8. Yo quiero que busque un grupo de autoayuda.

L. 1. Yo no quiero tomar la medicación. ¡Que la tome él!

2. Yo no quiero comer bien. ¡Que coma bien él!

3. Yo no quiero calmarme. ¡Que se calme él!

4. Yo no quiero participar en la terapia. ¡Que participe él!

5. Yo no quiero ser más simpático. ¡Que sea más simpático él!

M. Answers will vary

Módulo 2: Las drogas

A. 1. b   2. c   3. e   4. f   5. a   6. d

B. 1. inyectar; 2. fumar; 3. aspirar; 4. tragar; 5. ingerir

C. 1. Es un grupo de ayuda para hijos de alcohólicos.

2. Alcohólicos y adictos

3. Grupo AL-ANON

4. Experiencia, datos e información (estadísticas/testimonios)

5. Alcohólicos y adictos

D. 1. Es necesario que admita el problema.

2. Es normal que se sienta deprimido.

3. Es lógico que tenga miedo.

4. Es triste que se sienta solo.

5. Es una lástima que compre cerveza.

E. 1. Es necesario que vuelvas a este lugar.

2. Es lógico que no puedas dormir si no toma alcohol.

3. Es normal que te sientas muy deprimido.

4. Es común que sólo pienses en suicidarse.

5. Es preferible que no sigas tomando drogas.

6. Es mejor que dejes la adicción; vas a sentirte mejor.

F. 1. adictiva; 2. dejar; 3. encender; 4. enfisema; 5. pulmón; 6. nocivo; 7. abandonar; 8. parche

G. 1. Van a prohibir el tabaco.

2. Le parece una idea terrible.

3. Bronquitis, resfriados y pulmonía

4. Los niños que viven con fumadores sufren más enfermedades.

5. Dejar de fumar

6. No querer oír a Fernando más.

H. 1. esté; 2. necesita; 3. pueda; 4. puede; 5. es; 6. se enferme

I. 1. Dudo que el médico vaya a operarlos hoy.

2. Es imposible que no vayamos a trabajar /trabajemos mañana.

3. Es verdad que éste es un hospital muy bueno.

4. Siento que hoy no se sienta bien.

5. Me encanta que no fume.

6. Es dudoso que el pediatra vaya a dejar/deje de fumar.

7. No creo que el cirujano beba mucho.

8. Me sorprende que el paciente esté peor.

A leer

1. El peligro del humo de segunda mano

2. 3,000

3. Irritación de los ojos, la nariz y la garganta; tos; flema excesiva; dolor o molestias en el pecho

4. Son más propensos a tener infecciones de oído y asma, y tienen un mayor riesgo de sufrir el síndrome de dverte súbita (SIDS).

Lección 10: En el hospital

Módulo 1: Pruebas diagnósticas

A. 1. b 2. d 3. c 4. e 5. f 6. g 7. a

B. 1. bata; 2. bolsillo; 3. llave; 4. prótesis; 5. borrar; 6. ayer

C. 1. F 2. F 3. C 4. F 5. F 6. C

D. 1. El Dr. Munal revisó las radiografías anteayer.

2. El Dr. Sutti hizo la cirugía laparoscópica ayer.

3. El Dr. Moneta insertó el marcapasos esta mañana.

4. Lola escribió los informes ayer.

5. El Dr. Adelai preparó los implantes anteayer.

6. El Dr. Pott examinó el aneurisma esta mañana.

E. 1. Lola tomó la clase de resonancia magnética hace dos meses.

2. Alberto tomó la clase de primeros auxilios hace seis meses.

3. Andrés tomó la clase de técnicas de cirugía hace tres días.

4. Bea tomó la clase de imagenología hace una semana.

5. Francisco tomó la clase de radiología hace cuatro meses.

6. Arturo tomó la clase de patologías hace medio año.

F. 1. llamó; 2. despachó; 3. subieron; 4. llegaron; 5. ocurrió; 6. oí; 7. corrí; 8. ayudé; 9. escuchamos; 10. llegó; 11. dijeron; 12. salí

G. 1. b 2. d 3. c 4. a 5. f 6. e

H. 1. reconocimiento; 2. lastimadura; 3. ligamentos; 4. quirúrgica; 5. artroscópica; 6. rehabilitación

I. 1. c 2. b 3. a 4. a 5. c

J. 1. Las enfermeras fueron en la ambulancia hasta el estadio.

2. Los paramédicos prepararon el suero de camino al estadio.

3. Los ayudantes del estadio quisieron ayudar con la camilla.

4. Los reporteros estuvieron haciendo preguntas constantemente.

5. El médico pudo hacer una operación de emergencia.

K. 1. Los anunciaron ayer.

2. La familia del Sr. Lara vino ayer.

3. La examinaron ayer.

4. El Sr. Lara salió del hospital ayer.

5. El cirujano vino ayer.

6. La tuvimos ayer.

7. Lo vimos ayer.

8. Las hizo ayer.

Módulo 2: Una buena enfermera

A. 1. despierta; 2. confusión; 3. gerente; 4. nutricionista; 5. agitación; 6. recuperación

B. 1. b   2. c   3. b   4. a

C. 1. El hombre durmió durante el camino al hospital.

2. Las enfermeras les sirvieron un poco de agua a los familiares.

3. Los compañeros del herido pidieron una ambulancia.

4. El médico preparó el quirófano de la sala de emergencias.

5. La operadora repitió la dirección del accidente por radio.

6. Los paramédicos siguieron las instrucciones de la cirujana.

D. 1. No, yo pedí los medicamentos.

2. No, yo dormí en el hospital.

3. No, yo traje los resultados de las radiografías.

4. No, yo les serví la comida a los familiares.

5. No, yo no cometí ningún error.

E. 1. e   2. d   3. a   4. b   5. f   6. c

F. Answers will vary.

G. Answers will vary.

H. Answers will vary.

A leer

1. El bloqueo de una arteria del cuello o del cerebro, a causa de un coágulo

2. La ruptura de una arteria en el cerebro o en su superficie

3. Una lesión causada por la interrupción de la corriente sanguínea

4. Debilitación o adormecimiento súbito y temporal de la cara, brazos o piernas/visión borrosa o reducida/dificultad temporal al hablar, pérdida del habla, o problemas de enunciación/mareos o inestabilidad temporal/dolores de cabeza inexplicables

5. Answers will vary.

Lección 11: ¿Adónde tengo que ir?

Módulo 1: La farmacia

A. 1. Sí; 2. Depende; 3. No; 4. No; 5. No; 6. No; 7. Sí; 8. Depende

B. 1. d   2. f   3. a   4. b   5. c   6. e

C. 1. estreñimiento; 2. cuatro días; 3. el cambio de dieta o de agua; 4. unos supositorios de glicerina y un laxante; 5. con tarjeta de crédito

D. 1. iba; 2. me enfermaba; 3. llevaba; 4. era; 5. comíamos; 6. volvíamos; 7. se sentía, iba; 8. quería; 9. era; 10. sabían

E. Answers will vary.

F. 1. c   2. f   3. d   4. b   5. e   6. a

G. 1. Prepare el salón de acupuntura./ No prepare . . .

2. Organice la sala de yoga./No organice . . .

3. Recoja las recetas./ No recoja . . .

4. Dirija los ejercicios de visualización./ No dirija . . .

5. Haga citas para los masajes. /No haga . . .

6. Contrate a un quiropráctico./ No contrate . . .

H. 1. Mientras yo preparaba el salón de acupuntura ella descansaba.

2. Mientras yo organizaba la sala de yoga ella hablaba por teléfono.

3. Mientras yo recogía las recetas ella miraba la televisión.

4. Mientras yo dirigía los ejercicios ella pensaba en su novio.

5. Mientras yo hacía las citas ella se ponía maquillaje.

6. Mientras yo contrataba al quiropráctico ella escribía cartas a sus amigos.

I. 1. Antes me preocupaba mucho cuando hacía una cirugía. Ahora ya no me preocupo.

2. Antes tenía miedo cuando cometía errores en la diagnosis. Ahora ya no tengo miedo.

3. Antes estaba nervioso cuando examinaba las radiografías. Ahora ya no estoy nervioso.

4. Antes me sentía deprimido cuando veía a muchos pacientes en el hospital. Ahora ya no me siento deprimido.

5. Antes me sentía confundido cuando practicaba medicina alternativa. Ahora ya no me siento confundido.

6. Antes no estaba preparado para atender las emergencias. Ahora sí estoy preparado.

J. Answers will vary.

A leer

1. anualmente

2. personas que contribuyeron a la causa de recaudar fondos

3. participantes con síndrome de Down

4. entrenan

5. todos; participantes, padres, el público y medios de comunicación/para erradicar la discriminación y ayudar a estos chicos

Módulo 2: El dentista

A. 1. sonrisa; 2. caries; 3. empastes; 4. novocaína; 5. hilo; 6. sarro; 7. odontología; 8. puente

B. 1. corregir; 2. prevenir; 3. enjuagarse; 4. escupir; 5. morder

C. 1. 98%

2. factores genéticos, alimentación inadecuada durante la lactancia y la niñez o la falta de atención personal

3. las bebidas gaseosas

4. ácido cítrico y ácido fosfórico

D. Answers will vary.

E. 1. Antes nunca manejaba la ambulancia cuando estaba solo, pero hoy manejé.

2. Antes nunca preparaba empastes cuando estaba preocupado, pero hoy los preparé.

3. Antes nunca usaba un inhalador cuando me sentía mal en la consulta del dentista, pero hoy lo usé.

4. Antes nunca lloraba cuando el dentista taladraba mis encías, pero hoy lloré.

5. Antes nunca comía cuando hacía una limpieza de dientes, pero hoy comí.

6. Antes nunca pagaba cuando salía de la consulta del dentista, pero hoy pagué.

F. 1. O 2. B 3. B 4. O 5. O 6. O 7. O
8. B 9. O 10. B

G. 1. oftalmólogo; 2. pupilas; 3. vista borrosa; 4. anteojos; 5. lentes de contacto; 6. lentes para el sol

H. 1. c 2. a 3. c 4. a 5. c

I. 1. nació; 2. asistió; 3. decidió; 4. quería; 5. necesitaban; 6. tenía/tuvo; 7. vivían; 8. enseñaban; 9. contribuyeron; 10; llegué; 11. sabía; 12. noté; 13. era/fue; 14. estaba; 15. se enfermaron/se enfermaban; 16. decidimos; 17. fue; 18. valió

J. Answers will vary.

Lección 12
Repaso Lección 7: La comida y la nutrición

A. 1. Las papas se hornean./ Se hornean las papas.

2. Los ingredientes se combinan./ Se combinan los ingredientes.

3. El estrés se reduce. / Se reduce el estrés.

4. El dolor se alivia. / Se alivia el dolor.

5. Las grasas se eliminan. / Se eliminan las grasas.

6. Las vitaminas se toman./ Se toman las vitaminas.

7. Las medicinas se preparan./ Se preparan las medicinas.

8. La carne se asa./ Se asa la carne.

B. 1. sube; 2. bajamos; 3. escoger; 4. resistir; 5. asar; 6. sustituir

C. 1. Acabo de dejar de freírlos hace una hora.

2. Acabo de reducir las porciones hace diez minutos.

3. Acabo de cocinar comidas saludables hace tres horas.

4. Acabo de eliminar las grasas saturadas de mi dieta hace media hora.

5. Acabo de comprar postres naturales hace un cuarto de hora.

D. 1. carbohidratos; 2. mercado; 3. sodio; 4. consumo; 5. verduras

E. 1. A Lola le gustan los pasteles de chocolate.

2. A Emilio le gusta el helado.

3. A Juan y a Pedro les gustan los frijoles.

4. A Hernando le gusta la cerveza.

5. A Luis y a Bea les gusta el arroz integral.

6. A Alberto le gustan las lentejas.

F. 1. Sra. Garce, tiene la presión a ciento noventa sobre ochenta.

2. Sr. Montes, tiene el pulso a ciento treinta.

3. Srta. Medina, tiene el colesterol a doscientos treinta y ocho.

4. Sr. Monreal, tiene un exceso de peso de ciento ochenta y tres libras.

5. Sra. Padilla, su total de calorías para hoy es de dos mil trescientas ochenta y siete.

Repaso Lección 8: La maternidad y la pediatría

A. 1. embarazada; 2. náuseas; 3. antojos; 4. obstetra; 5. parto; 6. cesárea

B. 1. Juan se afeita con...

2. Ramón y Pepe se cepillan los dientes con...

3. Azucena se pinta los labios con...

4. Alfredo y Victor se lavan el pelo con...

5. Javi y Toni se bañan con...

C. 1. Los paramédicos se abrazan.

2. Los niños se pelean.

3. Las enfermeras se hablan.

4. Amparo y Bob se enojan.

5. Los doctores se consultan.

6. Los pacientes se comprenden.

7. Los radiólogos se ayudan.

8. Las recepcionistas se critican.

9. Los enfermos se apoyan.

10. Los médicos se gritan.

D. 1. e   2. c   3. b   4. a   5. f   6. d

E. 1. Lo tiene la madre del bebé.

2. Las tiene el técnico.

3. Lo tiene el bebé.

4. La tienen las tías del bebé.

5. La tiene la partera.

F. Answers will vary.

Repaso Lección 9: Problemas de salud

A. 1. borracho; 2. aliento; 3. alcoholismo; 4. negación; 5. intervención

B. 1. busque; 2. vaya; 3. hables; 4. vaya; 5. se cure; 6. ocurra

C. 1. e   2. f   3. a   4. b   5. d   6. c

D. 1. Es raro que mueran por dejar de fumar.

2. Es urgente que se examinen los pulmones.

3. Es importante que se cuiden la salud.

4. Es preferible que tampoco beban alcohol.

5. Es una lástima que ustedes no escuchen.

6. Es posible que estén pronto en el quirófano.

E. Answers will vary.

Repaso Lección 10: En el hospital

A. 1. cirujano; 2. quirófano; 3. tomografía; 4. bata; 5. postiza

B. 1. Las hicieron hace tres horas.

2. Las enviaron hace cinco horas.

3. Vinieron hace mucho tiempo.

4. Las supimos hace diez minutos.

5. La familia vino hace media hora.

C. Answers will vary.

D. 1. d   2. e   3. b   4. a   5. f   6. c

E. 1. El hijo de la paciente aseó el cuarto.

2. Los paramédicos entregaron el andador.

3. Yo tarje las muletas.

4. La paciente siguió las instrucciones.

5. El esposo compró comida de dieta.

6. El bebé se durmió enseguida.

7. La abuela necesitó un calmante.

8. La enfermera fue al laboratorio.

9. La hermana empezó el suero.

10. El técnico miró las radiografías.

Repaso Lección 11: ¿Adónde tengo que ir?

A. 1. a la farmacia; 2. un antibiótico; 3. las agujas; 4. el cabello; 5. sedante; 6. antiácido

B. 1. éramos; 2. nos hablaba; 3. teníamos; 4. nos quemábamos; 5. se/nos ponía; 6. hacíamos; 7. pasaba; 8. cubría; 9. tenía; 10. padecía

C. 1. artritis; 2. quiropráctica; 3. columna; 4. caries; 5. limpieza; 6. placa; 7. empaste; 8. novocaína; 9. anteojos; 10. astigmatismo; 11. pupilas; 12. cataratas; 13. lentes de contacto

D. 1. Cuando llegaba a la sala de urgencias, me golpeé contra la puerta.

2. Cuando me cambiaba de ropa en el vestuario, entró un reportero.

3. Cuando llevaba las medicinas de los pacientes, me caí al suelo.

4. Cuando ponía una inyección, se rompió la aguja.

5. Cuando cambiaba los pañales de un bebé, el bebé decidió ir al baño.

6. Cuando escribía los informes anuales, dañé el bolígrafo del director.

E. Answers will vary.